KB156669

정청래의 국회의원 사용법

정청래 지음

푸른숲

정청래가
국민께 드리는 말씀

컷오프

2016년 3월 10일 목요일 오전 10시.

공천 탈락, 컷오프당한 것을 알았다.

3월 12일 토요일, '정청래 재심 기각'.

토론 없이 곧바로 기각 처리를 했다고 들었다. 정무적 판단으로 컷오프당한 마당에 재심구제는 원천적으로 불가능했다. 기대한 내가 참 순진했다.

가장 먼저 아내와 아이들 얼굴이 떠올랐다. 캠프 식구들, 동네

지지자 분들 얼굴도 하나하나 스치고 지나갔다. 허망하고 미안했다. 나는 이제 어떡해야 하나? 아니, 당장 내일부터 어쩌지? 질문이 속사포처럼 밀려왔다. 어떤 질문에도 대답할 수 없었다.

"정 의원님, 아니 어찌 이럴 수가 있어요. 탈당합시다. 무소속으로 나가서 보란 듯이 당선되고 다시 입당하면 되잖아. 나도 도울게. 당이 미쳤어. 탈당하자고. 정 의원은 돼요. 나도 뛴다니까."

손혜원 당시 홍보 위원장도 난리였다.

"손 위원장님, 제 사전엔 이혼과 탈당은 없습니다."

손 위원장에게 처음으로 속마음을 털어놓고 나니 맘이 한결 편해졌다. 참 고마웠다.

"정 의원님, 선거운동을 할 수가 없어요. 유권자들이 정청래 잘라놓고 당신만 살겠다고 선거운동을 하고 다니냐, 염치도 없냐고 하셔서……".

사십여 명 국회의원이 전화를 걸어 하는 얘기는 똑같았다. 처음엔 '나보고 어쩌라고?' 하며 대수롭지 않게 넘겼으나 얼마 안 가 겁이 나기 시작했다. 항의 전화 폭주로 당 업무 마비, 더불어 민주당 지지율 급락. 선거운동이 모두 엉망이 되고 있었다. 나의 컷오프는 더 이상 나만의 문제가 아니었다.

많은 분이 전화를 주셨다. 대부분 탈당해서 무소속으로 나가라고 했다. 내 생각은 달랐다. 컷오프로 정신이 혼미하고 너무 괴로웠지만, 탈당은 고민하거나 두 번 생각할 일이 아니었다. 나는 내 선택을 책임지며 살아왔다. 섭섭하다고, 억울하다고 내가 선택한 당을 나간다는 생각, 하지 않았다.

불출마 선언

사적 감정으로 공적 대사를 그르칠 수 없었다. 내가 무소속으로 출마했다가는 어부지리로 새누리당의 총선 승리를 도울 수 있었다. 그동안 추구해온 가치를 배반하는 그런 일을 저지른 후 내가 나로 살아갈 자신도, 엄두도 나지 않았다. 그것은 죽기보다 싫은, 내 인생 전부를 송두리째 부정하는 일이었다. 절체절명의 순간에도 지켜야 할 원칙과 선이 있다.

도종환 의원이 연락했다.

"이런 상태에서는 욕만 먹고 선거운동 못 해요. 곰곰이 생각해 봤는데 깨끗하게 불출마 선언하고 지원유세 다니며 우리 후보들 좀 도와줘요. 그런 큰 감동이 필요해요."

내게 전화한 수많은 국회의원이 정말로 하고 싶은 말이었을 것이다. 목구멍까지 올라왔지만 차마 하지 못한 말을 도종환 의원이 건넸다. 서로에게 신뢰가 있으니 할 수 있는 말이었다. 반가웠다.

"정청래의 공천 탈락이 부당하다는 것은 이제 온 국민이 다 알아. 대인배답게 당의 결정을 수용한다고 하고 전국적으로 지원유세를 해."

도올 김용옥 선생의 조언이었다. 이 말씀으로 내 생각이 더 단단해졌다.

3월 16일 수요일 밤 8시. 정청래 컷오프에 항의하는 국민 필리버스터가 벌어지고 있는 여의도 더불어민주당사 앞의 뜨거운 현장에서 불출마 선언을 했다. 당은 나를 버렸지만 나는 당을 지키겠다고. 쓰러진 나이지만 당의 승리에 필요하다면 제물이 되겠다고.

복수, '더컸유세단'

남기로 했다면 당이 승리하는 데 있는 힘을 다 써야 한다. 국민의 눈높이보다 더 먼저, 더 끝까지 지켜야 할 것은 역사의 눈높이다. 내가 선택한 당의 승리를 위해 '일개' 주인으로써 할 수 있는 한 끝까지 다 하는 거다. 나를 잘라버렸다고 믿을 그들 눈앞에서 진짜 주인이 누구인지 보여주는 거다.

불출마 선언 이후 우스갯소리로 시작한 '컷오프동지회'가 '더컸유세단' 결성으로 이어졌다. 공천에서 떨어진 사람들이 붙은 사람들의 당선을 도우려 뛰는, 불쌍한 사람들의 유세단이었다. 나를 단

장으로 김용익, 김광진, 장하나, 김빈, 남영희, 이동학 그리고 젊은 대학생으로 구성된 '덜컸율동팀'은 당에서 내준 버스를 타고 전국을 누볐다. 반응이 뜨거웠다. 당직자 세 명이 매달려도 일정 조율이 힘들 정도였다. 3주간 1만 5백 킬로미터를 달려 전국 94명의 후보를 지원유세 했다.

나는 왜 이런 선택을 했을까? 내 몸 하나 건사하기도 힘들었을 그때 어쩌자고 대중 앞에 서서 '미워도 다시 한 번 더민주를 사랑해 달라'고 목 놓아 외쳤을까? 내게는 믿는 구석이 있었다. 그것은 바로 대중의 힘, 즉 국민의 힘이었다.

"의원님, 의원님도 자르고……. 우리도 이제 필요없다는 거죠?" '더컸유세단'으로 다닐 때 정청래를 잘랐으면 정청래를 지지하는 우리도 필요없다는 얘기 아니냐는 이야기를 참으로 많이 들었다. '정청래가 잘렸지만 내가 잘렸다'라고 느꼈고, 그래서 그토록 분노했다. 정청래 개인을 위한 분노가 아니라 비상식에 대한 상식의 분노였다. 나는 이 뜨거운 분노를 건강하게 열망으로 받아 안아야 한다고 생각했다.

컷오프 당한 자가 '국회의원 감별법, 사용법, 되는 법'을 떠드는 이유

나는 이제 국회의원이 아니다. 더불어민주당은 내게 정치적 사형선고를 내렸다. 당은 "정청래, 너 필요 없어."라며 나를 천 길 낭떠러지에서 밀어버렸다. 지금도 "정청래잖아. 공천 못 받은 사람."이라고 수군거리는 소리를 심심치 않게 듣는다. 창피하게 끝났을지도 모르는 정치 인생이었다.

패배의 나락으로 떨어진 내게 동아줄을 내려보내 구출해준 것은 국민이었다. 죽은 몸을 움직여 국민 속으로 다시 파고 들어가게 하고, 나름 역할을 할 수 있게 한 것은 오로지 국민의 힘, 대중의 힘이었다.

나는 국회의원 금배지를 잃으면서 놀랍고도 위대한 대중의 힘을 새삼 확인했다. 대중의 힘으로 국회와 정당을 감시한다면 국민이 주도하는 정치가 가능하겠구나 하는 확신을 갖게 되었다. 더불어 국민의 힘에 기대 정의로운 복수도 하고 싶었다.

나는 부처가 아니다. 섭섭하고 아픈, 인간, 남자다. 그러니까 국회의원의 정체를 샅샅이 드러내는 이 글은 내 복수다. 국민 입장에서 좋은 국회의원, 밥값 못하는 국회의원, 기득권하고만 친한 국회의원을 감별하는 방법이 있다. 국회의원을 국민께 유리하게 부리는 방법이 있다. 그리고 끼리끼리 알아온 국회의원이 되는 모든 방법까지 이 책에 있다.

나를 컷오프시킨 그 '정치인들'이 말도 안 되는 '정무적 판단'으로 정치를 주물럭거리지 못하도록, 국민께서 정치를 감시하고 주도하는 데 요긴할 내 모든 경험과 지식을 솔직하게 꺼내놓으려 노력했다. 뜨거운 마음으로 정성껏 쓴 권말 부록까지. 국민께 쓸모 있기를 바라며.

성산동 골방에서

2016년 9월

정청래

목차

1. 국회의원 감별법

좋은 국회의원을 골라내는 방법

좋은 국회의원 유형

나쁜 국회의원 유형

국회의원 감별을 위한 언론 감별법

2. 국회의원 사용법

3. 국회의원 되는 법

정청래가 국회의원 되시라고 던지는 떡밥

정청래도 국회의원 자리가 힘겨울 때

드디어 국회의원 되는 법

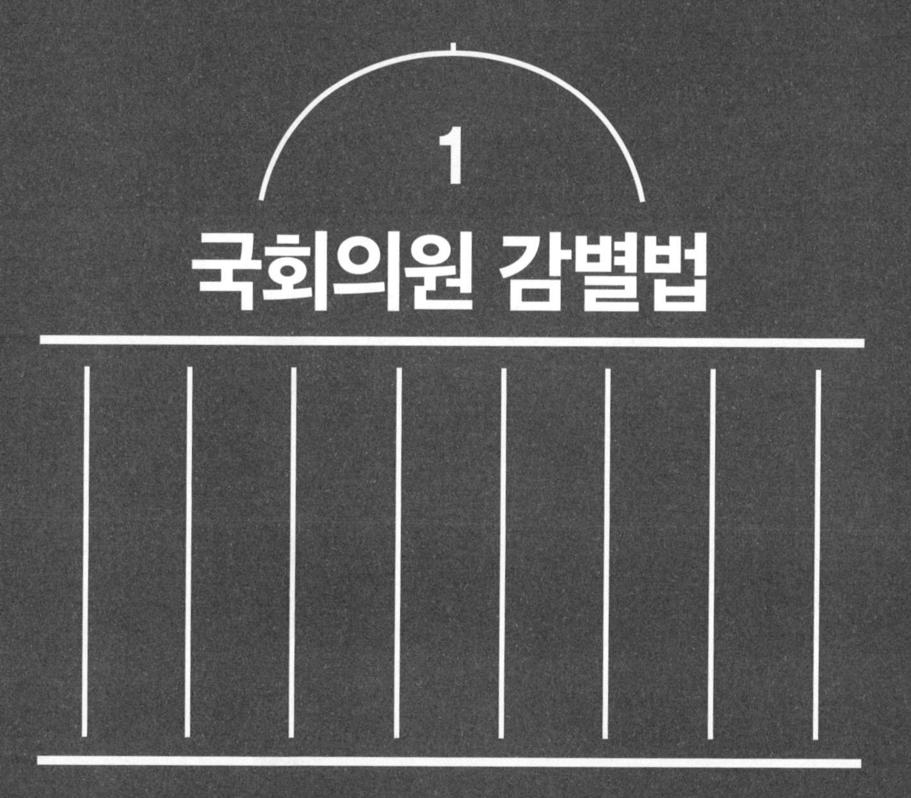

1

국회의원 감별법

국회가 없는 세상을 한번 생각해보자. 살기 좋아질까? 1인 대통령 치하 행정부가 법도 만들고 국가 예산 심의도 셀프로 하면 그건 독재다. 뼈아프게도, 대한민국은 그 시절을 겪었다. 아무리 밉고 무능해보여도, 국회에게는 행정부 감시·견제라는 중요한 역할이 있다. 그러니 국회를 욕할 땐 욕하더라도, 일부러라도 눈을 크게 뜨고 쓸 만한 국회의원을 찾고, 키우고, 지키자고 호소하려 한다. 좋은 국회의원이 많아져야 국회가 국민에게 신뢰받고 사랑받을 수 있으며, 국회가 힘을 가져야 행정부를 감시·견제하고 국가 예산을 적재적소에 쓰게 할 것이다. 그러니 감별법이 필요하다. 미약하지만 나는 '좋은'과 '나쁜'의 기준을 제시하려고 한다. 돌려 말하지 않겠다. 정치적 이득을 취하려 알아듣기 어렵게 말하는 얌체족들이 주로 쓰는 추상적 관념어를 되도록 빼겠다.

좋은 국회의원을 골라내는 방법

국회의원 감별 기준은 무엇일까. 국회의원의 첫 번째 권한이자 의무는 법을 만들고 고치는 일이다. 따라서 입법 실적, 즉 자기 이름으로 대표 발의한 좋은 법안이 모두 몇 개이고 그중 몇 개가 통과되었느냐가 가장 중요한 감별 기준이다. 공동 발의도 평가해야 한다. 좋은 법안에 누가 서명 안 했고 나쁜 법안에 누가 서명했는지도 밝혀야 하니까.

두 번째 감별 기준은 국민 세금인 국가 예산을 얼마나 성실하게 감시했느냐다. 이 부분은 정량화하기 어렵지만 꼭 짚어야 한다.

좋은 국회의원이라면 헌법 정신에 맞게 국민의 인권과 민주주의의 파수꾼 역할도 해야 한다. 국민 다수의 입장, 특히 중산층과 서민, 사회에서 소수자로 몰린 어렵고 소외된 계층의 권익 신장에 앞장서야 한다. 관련 법과 예산이 없어도 이해가 충돌하고 갈등이 빚어진 현장에 직접 가서 어떻게든 문제를 해결하려 나서야 한다. 또한 나라 안팎에서 벌어지는 국민의 생명과 재산, 국익에 관련된 일에 발언하고 행동하는 이들이 좋은 국회의원이다.

그럼 나쁜 국회의원은 어떤 사람일까. 일하지 않고 놀고먹는 국회의원, 나라나 국민 다수는 아랑곳없이 제 한 몸 지금 당장 잘 먹고 잘살겠다고 끼리끼리 몰래 모여 야합이나 하는 사람이라고 생각하면 틀림이 없다. 자신의 지역구 의원 OOO이 좋은 국회의원인지 아래 유형을 보며 한번 생각해보시라.

좋은 국회의원 유형

좋은 국회의원 유형으로 한 가지 유형에 해당하는 사람이 있는가 하면 여러 장점을 겸비한 국회의원도 있다. 실명도 나올 텐데 그가 꼭 한 가지 유형에만 해당한다는 뜻은 아니니 감안하고 열독하시라. 좋은 국회의원 유형에 해당하는 새누리당 의원도 있겠지만 함께 활동한 경험이나 기회가 없어 불가피하게 넣지 못했다. 내 한계다.

일단 맡으면 잘하는 다크호스형

일단 일을 맡으면 엄청나게 잘해내는 숨은 보석 같은 유형이다. 자신이 그 분야 전문가가 아니어도 뛰어난 학습 능력으로 상임위 업무를 신속하게 파악하고 문제를 척척 해결해낸다.

초선 비례대표는 대체로 해당 분야 전문성을 인정받아 영입되기 때문에 관련 상임위에 배치되는 것이 당연하다 싶지만 의외의 상임위로 가기도 한다. 상임위마다 인원이 정해져 있으니 매번 어쩔 수 없이 일어나는 일이다. 그러나 비전문 분야 상임위에 가더라도 성과를 내고 돋보이는 의정 활동을 할 수 있다는 것을 보여준 의원이 19대 국회 김광진 의원과 진성준 의원이다.

청년 비례대표로 선출된 김광진 의원은 그냥 밀려서 국방위로 갔지만 사이버 사령부 대선 개입, 노크 귀순 문제를 공론화했고, 수십 년간 바뀌지 않던 병사들의 수통 교체 등 수많은 문제를 해결하면서 국방위에서 홈런을 쳤다.

인기 상임위에 집착하지 않고 자기 전문 분야가 아니어도 맡은 일을 잘해내는 국회의원은 믿을 만하다. 인기 있는 상임위로 가면 후원금도 많이 들어오고 언론의 스포트라이트를 받을 기회도 많아 다음 선거에 유리할 걸 알면서도, 원하지 않았던 상임위 배치를 받아들이고 묵묵히 할 일을 해낸 이들이기 때문이다. 이 유형을 보면 좋은 국회의원이 되는 데는 전문성보다 태도가 더 중요하다는 생각을 하게 된다. 잘 모르는 분야의 상임위에 가더라도 보좌진과 함께 열심히 공부하고 조사하면 금세 전문가가 될 수 있음을 다크호스형이 증명했기 때문이다.

욕망과 경쟁을 넘어선 인품 리더십형

국민께는 죄송하지만, 국회는 시기와 질투가 난무하는 곳임을 먼저 고백한다. 선거라는 제도로 국회에 들어가야 하는 탓에 국회의원은 필연적으로 경쟁에 매우 친숙하다. 스포트라이트를 독점하려는 욕망이 강해서 언론에 주목을 받을 만한 아이템은 꽁꽁 숨겼다가 혼자 공개하는 것이 국회의원들의 특징이라면 특징이다.

부산에서 서울까지 벼룩 세 말은 몰고 갈 수 있어도 국회의원 세 명을 몰고 갈 수는 없다는 말이 있을 정도로 국회의원끼리 협동하기란 쉽지 않다. 그러나 이런 삭막한 분위기 속에서도 잔잔하고 세세하게 리더십을 발휘하고 윤활유 역할을 해서 국회의원을 한데 모아 한목소리를 내게 하는 훌륭한 의원이 있다. 상을 받거나 언론에 보도되지 않는 이상 국회 밖에서는 모르지만 국회의원이나 보좌관들은 모두 알고 좋아한다.

박근혜 정권이 추진하려고 하는 국정교과서는 군사독재 유신 치하에서나 시행할 법한 민주주의 다양성을 침해하는 퇴행적인 교육정책이다. 민주 사회에서 상상조차 할 수 없는 후진적인 정책이라 국회의원들조차 다들 허를 찔려 초반에 정부를 상대로 제대로 된 대응을 못했다. 이때 리더십을 발휘해 국회의원들을 규합시킨 이가 도종환 의원이다. 만약 이런 상황에 다른 의원이었다면 언론과 국민의 눈길을 사로잡고자 단독 플레이를 했을지도 모른다. 그러나 도종환 의원은 그러지 않았다. 철저한 자료 조사로 정부에 맞설 논리를 만들어냈고, 이후 어떤 행동을 해야 할지, 국민의 관심을 어떻게 끌어낼지 방안까지 찾아내어 다른 국회의원과 공유했다. 평소 인품이 훌륭하고 따르는 동료 의원도 많은 도종환 의원이 총대를 메니 다들 군말 없이 국정교과서 반대 행동에 참여했다.

그를 따르는 의원이 많아진 데는 사연이 있다. 시인인 도종환 의원은 19대 국회에서 '시 읽는 국회의원 모임'을 만들었다. 도종환 의원이 매달 초청 시인을 섭외하고 모임 일주일 전에 그 시인의 시집을 20~30권 구입해 회원들에게 돌려 읽힌다. 하루하루가 바쁜데 매달 모임을 준비하기란 정말 쉽지 않다. 회원들은 시집을 다 읽고 제일 마음에 드는 시 한 편을 골라 초청 시인 앞에서 낭송한다. 초청 시인은 회원들의 감상을 듣고 그 시를 어떤 마음으로 썼는지를 이야기해주기도 한다. 이 자리에서 회원들은 서로가 고른 시를 함께 감상하며 자연스럽게 그 사람의 진면목을 알게 되고 서로 가까워진다. 그런 자리를 바로 덕망 높은 도종환 의원이 만들어냈다. 도종환 의원의 감성 리더십 덕에, 다른 국회의원을 경쟁자가 아니라 함께 연대하고 힘을 합칠 동지로 여기고 협심해서 국정교과서 싸움을 해나갈 수 있었다.

이학영 의원도 어떤 일을 하자고 제안하면 가장 많은 동료 의원을 모을 수 있는 분이다. 시민단체에서 오래 활동한 이학영 의원은 역대 총선 때마다 인재 영입 대상으로 꼽혔다. 국회의원이 되어서는 당의 대외협력위원장으로 당과 시민사회 사이에서 업무 조율 역할을 맡았다. 그 덕분에 당 밖의 목소리가 당 안으로 전달되고 당 안의 고충이 밖으로 알려져 정치권과 시민사회가 힘을 모아 현안에 대처할 수 있었다. 보이지 않는 일에 묵묵히 수고를 아끼지 않는 이유형은 국회의원들 사이에서도 연대를 이끌어 내 당의 활동에 든든한 힘을 실어준다.

세월호 국민 단식 때, 문재인 대표가 시작하고 나도 동조 단식에 들어가면서 많은 의원들이 주뼛주뼛 어찌할지 몰랐다고 한다. 이때 하루씩 돌아가며 단식하자는 이학영 의원의 제안에 사십 명 넘는 국회의원이 참여했다. 이는 전적으로 이학영 의원 인품의 힘이었다. 살아온 인생에서 우러나오는 깊은 향기가 있어야 리더십이 자연스럽게 발휘된다.

국회 하면 '싸우는 곳'이라고 생각하는 분들이 많은데, 도종환 의원이나 이학영 의원처럼 리더십을 발휘해 의원들끼리 서로 마음을 모으도록 이끌어 대한민국 민주주의의 퇴행을 막아내는 의원도 있다는 점, 기억해주시면 좋겠다.

다른 일도 잘하는 TV 토론형

'정치가 무엇이다'라고 딱 떨어지는 정의를 내릴 수 없지만, 정치가 말言에서 시작한다는 데는 다들 동의하시리라 생각한다. 정책이든 정견이든, 다 말로 이루어졌으니까.

가끔 TV 토론을 보면 지지자들의 가려운 등을 시원하게 긁어주는 국회의원을 만날 수 있다. 토론을 잘한다는 것은 단순히 말하는 기술이 뛰어나다는 의미가 아니다. 토론 주제를 명확히 이해하고 자기 관점을 바탕으로 체화한 지식을 팍팍 꽂히는 말로 쉽게 전달해야 한다.

갑자기 최신 이슈가 튀어나와도 전 국민을 상대로 거침없이 발언할 수 있는 국회의원이라면, 그는 지적 호기심이 많고 학습 능력도 있는 사람이다. 그러니 TV 토론에 강하다면 유능하고 발전 가능성이 있는 의원이다.

TV 토론을 잘하는 국회의원은 국회 대정부 질의도 대체로 잘한다. 필요한 내용만 압축 요약해 발언하는 능력과 평소에 갈고닦아온, 상대방의 허점을 파고드는 기술도 갖췄기 때문이다. 국정감사에서 행정부의 잘못과 문제를 날카롭게 파고드는 국회의원은 행정부가 잘못한 점을 바로바로 시정하도록 하는 중요한 역할을 한다.

안전한 개혁에 만족하지 않는 불굴 소신형

소신 발언은 대개 공격적이고 날카로울 수밖에 없기 때문에 보수 언론의 표적이 되기 쉽다. 그들에게 모진 말로 공격받고 나면 다시는 그런 소신 발언을 하기 어렵다. 또한 소신 발언을 하면 열성 지지자들은 열광하지만 지역구 지지자들은 핀잔을 주는 경우가 많기 때문에 국회의원은 소신을 밝힐 때 한번 더 주저하고 고민한다.

소신 발언에도 종류가 있다. 숨겨진 1인치를 공개하겠다. 개혁이라고 다 같은 개혁이 아니다. 위험한 개혁과 안전한 개혁이 있다는 걸 아시는지? 노동 문제, 비정규직 문제, 재벌 문제 등 경제 이슈에는 개혁의 목소리를 내는 의원이 많다. 이는 안전한 개혁이다. 경제 이슈에는 아무리 목청을 높여도 자신의 정치적 입지가 그다지 손상되지 않는다. 언론에게 민생을 외면하고 정치 싸움에만 골몰한다는 비판도 듣지 않는다. 대체로 옳은 소리 한다는 긍정적인 평가를 받고 서민과 중산층을 위한 국회의원으로 이미지 메이킹도 가능하다. 물론 이런 목소리라도 내지 않은 국회의원에 비하면 낫기는 하다.

그러나 한반도 평화 문제에 치명적인 영향을 미치는 금강산 관광, 개성공단 문제나 미국의 사드 배치 같은 이슈에는 함구한다. 세월호는 이념 문제가 아님에도 지역구에서 표 떨어진다고 하니 슬그머니 외면한다. 청와대 박근혜 대통령을 비판하거나 북한 문제를 잘못 건드렸다간 큰 낭패를 보고 종북 사냥의 먹잇감이 된다고 생각해 셀프 검열을 하기도 한다. 위험한 개혁이라고 생각해서다. 경제 개혁 전문가를 자처하며 국민적 공분을 산 대형 이슈, 국정원 대선 개입 문제에 끝내 함구한 의원이 있다.

소신 발언뿐만 아니라 소신 활동도 있다. 소신 활동은 소신 발언보다 언론에 나오기 어렵다. 눈길을 끄는 말 한마디를 뽑아 기사를 쓸 수 없으니 그럴 테다. 세월호 참사가 발생하자마자 언론에 보도되지 않는 시시콜콜한 일까지 국회의원 단체 카톡방에 꾸준히 올리는 의원이 있었다. 김현 의원이다. 세월호 현장에 알게 모르게 다니고 슬픔에 빠진 가족들과 먹고 자며 자기 가족을 돌보듯 세월호 가족들을 보듬었다. 동병상련이나 성실함만으로는 설명하기 어려운 불굴 소신형 행동파이다.

결과적으로 혹독한 대가도 치렀다. 세월호 대리기사 사건으로 보수 언론으로부터 엄청난 공격을 받았고, 그 일이 컷오프당하는 데 영향을 끼쳤다. 2012년 대선 한복판에 국정원 여직원 사건이 터졌을 때도 현장을 지켰고, 국정원의 물타기 공격에 연루되어 몇 년째 재판을 받고 있다. 다행스럽게도 대리기사 폭행 사건과 국정원 여직원 사건 모두 1심에서 무죄를 선고받았다. 박근혜 정권하에서 두 번이나 무죄가 입증됐지만 그가 입은 정치적 피해는 원상회복되지 않는다. 다들 몸을 사리는 이슈에 차마 양심을 저버릴 수 없어 발언하고 행동하는 좋은 국회의원들을 반드시 기억해주시라. 그리고 김현 의원 힘내시라.

당의 수권 능력을 한 단계 높이는 스마트한 정책통형

실력 없는 사람은 어려운 말을 늘어놓고, 실력 있는 사람은 쉬운 말을 쓴다. 어려운 경제 용어도 쉽게 풀어주고 손에 잡히는 통계 수치를 활용해 경제 현상을 척척 알아듣게 설명해주는,

보석처럼 빛나는 경제통, 정책통 국회의원이 있다.

우리가 흔히 쓰는 '수권 능력'이라는 말에는 경제정책이 큰 부분을 차지한다. 경험도 있고 훌륭한 정책을 제시하는 이용섭 의원과 품성도 좋고 눈물도 있는 홍종학 의원은 야권의 수권 능력을 증명하는 스마트한 경제통, 정책통이다.

이용섭 의원은 보수적인 정통 관료 출신으로 노무현 대통령 시절 관세청장, 청와대 혁신관리수석, 국세청장, 행정자치부·건설교통부 장관을 두루 지냈다. 감옥 가지 않은 국세청장으로도 유명하다. 국세청장 재임 시절 50만 원 이상 접대비 실명제를 실시해 룸살롱 접대를 없앴다(이명박 대통령 시절 다시 원위치 됐다). 국회에 진출한 이후에는 한국형 버핏세로 불리는, 소득세법 개정안—소득세 최고세율 적용 과세 구간 확대—을 대표 발의하고 통과시켜 사회 양극화 해소와 공평 과세에 기여했다. 또 정책위 의장을 맡아 믿음직한 경제정책을 세우는 야당의 능력을 보여주었다. 그의 저서《성장과 행복의 동행》을 읽으면서, 통계 수치를 읽는 매서운 눈과 해박한 경제 지식에 놀랐다.

홍종학 의원은 어렵고 딱딱한 경제를 쉽게 풀어 설명해주는 경제학자이다. 그가 대표 발의해 통과된 공정채권추심법은 빚 독촉에 시달리는 채무자의 고통을 덜어주었다. 채무자가 대리인(시민단체나 변호사)을 선정하면 채권자는 채무자 본인이 아닌 대리인에게만 채무 상환 청구를 할 수 있다. 장발장법도 그의 작품이다. 벌금형을 선고받고도 돈이 없어 감옥에 가는 사람들에게 집행유예 처분을 받거나 벌금을 분할 납부할 수 있는 길이 열렸다. 이 법으로 매년 1만 명이 넘는 사람들이 감옥에 안 가도 되는 혜택을 누렸다. 맥주법도 통과시켜 대기업 맥주가 독식하던 시장에 하우스 수제 맥주도 진출할 수 있게 되었다. 홍종학 의원 참 잘했어요.

권력의 보복이 두려워도 **용감무쌍 당성형**

당을 위해 용감하게 나서는 의원은 자기 정당에 자부심이 크며 지지층의 기대에 부응하려고 노력한다.

국민적 관심사였던 '국가정보원 댓글 의혹 사건 등의 진상규명을 위한 국정조사특별위원회' 같은 국정조사특위는 행정부가 저지른 불법 행위를 감시하고 견제하는, 국회 본연의 의무를 다하는 활동이었다.

반드시 해야 할 일이었지만 새누리당의 심한 태클이 예상되는 데다 국정원 문제라 국회의원들이 대부분 선뜻 나서진 않았다. 여야가 첨예하게 대립하고 치열하게 맞붙는 사안인 만큼 여당의 목표는 가급적 특위 자체를 파탄내는 것이었다. 당성이 강한 용감한 국회의원은 이럴 때 진상규명이라는 목표 아래 일사분란하게 움직이며 성실하게 자료를 준비하고 특위 위원들끼리 공조하는 등 자기 몫을 다한다. 이때 소리 소문 없는 김민기 의원의 활동이 돋보였다.

테러방지법에 맞선 필리버스터는 용감무쌍한 당성과 야당 국회의원 사이의 동료애가 빛나는 순간이었다. 필리버스터가 성공할 수 있을까, 하는 반신반의 속에 김광진 의원을 필두로 발언 시간을 이어가려고 국회의원들 모두 사력을 다했다. 한국 정치사에 일찍이 없던 일이라 시작 전에는 필리버스터가 국민에게 어떻게 비춰질지 솔직히 전혀 알 수 없었다. 기왕 시작한 거 죽기 살기로 끝까지 한번 최선을 다해보자는 오기가 전부였다.

필리버스터는 오랜만에 국회다운 국회, 야당다운 야당, 일하는 국회의원의 모습을 보여주는 기회였다. 국회의원은 떨어졌지만, 필리버스터 때 열심히 한 김광진 의원, 은수미 의원, 박원석 의원 등 모두 수고하셨다. 정청래도.

여러분의 따듯한 배려를 부탁하고픈 **현장형**

밀양 송전탑, 제주 강정마을 해군기지, 세월호 현장, 비싼 임대료로 삶의 터전에서 쫓겨나는 젠트리피케이션 현장 등등. 부당한 권력에 맞선 항의 시위가 있는 곳이나, 아파하는 국민이 있는 곳, 그런 현장마다 빠지지 않고 달려가는 현장형 국회의원이 있다.

아무래도 시위 현장에서는 시위대의 감정이 격앙되어 있기 때문에 국회의원이 간다고 해서 환영받기 어렵고, 경찰과 시위대가 충돌하면 다칠 염려도 있다. 국회의원도 사람인데 편하고 즐거운 자리에 가고 싶지 거친 현장이 좋아서 가는 국회의원이 어디 있겠는가. 사명감과 의무감으로 간다. 국민 여러분께서는 이 점을 고려하셔서 현장에 자주 찾아오는 국회의원을 따뜻하게 배려해주시길 부탁드린다.

국회의원이 현장에 가면 언론도 따라오고 국회의원의 입을 빌려 현장의 입장이나 주장을 알릴 수 있으니 그 문제에 보다 많은 사람이 주목할 수 있다. 국회의원의 한 명의 목소리는 때에 따라 시위대 30만 명의 목소리와 맞먹는 효과가 있다고 한다. 또 국회의원이 현장에 나타나면 경찰이 아무래도 조심하게 되어 시민들이 보호되고 때로는 국회의원이 중재를 맡아 시위대가 경찰과의 충돌이나 사고 없이 해산하기도 한다.

사실 국회의원이 현장에 간다고 문제가 곧바로 해결되지는 않는다. 국민은 해결을 가장 간절히 바라지만 그게 안 되면 함께 현장이라도 지켜주길 바란다. 국민이 비를 맞을 때 힘이 부족해 우산을 마련하지는 못했더라도 옆에 서서 함께 비를 맞아주는 역할을 해야 한다. 이런 마음으로 현장에 개근한 이가 장하나 의원이다. 때로는 국회에 결석하면서까지 현장에 가 있는 경우도 있었다고 한다. 20대 국회 초기에 국민적 관심사로 떠오른 가습기 살균제 문제도 이미 장하나 의원이 꾸준히 문제를 제기하며 활동했던 사안이다. 이제라도 가습기 살균제 사건이 조속히 해결되고 책임자가 처벌되기를 바란다.

논란이 있는 곳에 몸을 던지는 거침없이 모든 이슈형

국회의원은 온 나라에서 벌어지는 일에 관심을 가져야 하고 자신이 속한 상임위 일이 아니더라도 국민 다수가 관심을 쏟는 사안이라면 자기 입장을 말해야 한다. 찬성과 반대가 첨예하게 맞붙은 사안일수록 견해를 밝히는 것이 자신을 뽑아준 국민에 대한 도리고 예의다. 좀 더 적극적으로 말하자면 논란이 있는 곳에 자신의 몸을 던져야 한다. 그래야 좋은 국회의원이다.

뒤가 구리지 않고 거리낄 것이 없는 국회의원은 논란의 중심에 서기를 두려워하지 않는다. 대중 앞에 노출되어도 무슨 걱정이랴. 대중과 함께 호흡하고 대중과 함께 일했던 국회의원은 대중을 만나는 것이 설렌다.

그러나 논란의 중심에 서기를 주저하는 국회의원은 논란이 없는 사안 앞에서도 말하기를 주저한다. 공분을 사고 있는 국회의원은 당연히 대중을 피한다.

SNS를 한글 자판으로 치면 '눈'이다. SNS를 보면 그 국회의원이 국민을 얼마나 존중하는지 알 수 있다. 국회의원의 SNS는 그의 마음을 읽을 수 있는 눈이다. SNS는 국민과 국회의원이 눈과 눈을 맞대고 나누는 대화다. 국민에게 국회의원을 평가하기에 이처럼 좋은 수단이 어디 있는가.

국회가 열릴 때 어떤 현안을 SNS에 올리면 보좌진이 미처 파악하지 못한 귀중한 자료와 의견, 정책적 대안까지 국민들이 앞다퉈 보내준다. 나는 SNS의 도움을 참 많이 받았다. 이렇듯 SNS를 잘 활용하면 의정 활동에 많은 도움이 된다. 대정부 질의를 할 때, TV 토론을 나갈 때나 팟캐스트에 출연해서 하는 촌철살인의 말들도 SNS에서 많이 '눈'동냥했다는 점을 고백한다.

특히 고마운 일이 있다. 2011년 8월 오세훈 서울시장의 몽니로 무상급식을 두고 찬반 주민투표를 하게 됐다. 그때 구호가 "나쁜 투표 착한 거부"였다. 내 페이스북에 댓글을 단 페친의 아이디어였다. 내가 이 구호를 제안해서 당 대표 1급 포상까지 받았다. 그분께 늦게나마 감사의 말씀을 전한다.

나쁜 국회의원 유형

나쁜 국회의원 유형은 실명을 밝히지 않겠다. 나쁜 국회의원은 대체로 한 사람이 한 유형에만 해당되지 않는다는 점을 먼저 알려드린다. 나쁜 것은 나쁜 것을 부르는 모양이다. 누굴까 상상도 해가며 읽어보시면 어떨까.

적도 없고 동지도 없는 **국회의장형**

스타일이나 평소 행동 양식에 따라 국회의원을 상징적으로 대통령형과 국회의장형으로 분류하기도 한다. 국회의장이 나쁜 국회의원이라는 뜻이 아니라, 유형을 나누기 위해 잠시 국회의장형이라는 표현을 썼음을 미리 밝힌다. 정세균 국회의장님, 오해마십쇼.

국회의원은 대중 정치인이어야 한다는 나의 관점 때문에 국회의장형을 나쁜 유형에 넣었다. 국회의장은 국회의원이 뽑는다. 그러니 이 유형은 평소 국민보다 동료 국회의원들에게 점수 따는 것을 중요시한다. 아무리 대중적 인기가 높아도 여당 표, 야당 표를 다 받지 못하면 뽑힐 수 없으니 두루두루 친해야 한다. 이런 의원들을 볼 때 나는 마음이 불편하다. 상대 당은 입법 파트너긴 하지만 서로 비판하고 견제하며 최선을 만들어나가야 하는데, 상대 당에게 사람 좋다는 소릴 듣는다면 그게 과연 옳은 일일까.

그럼 국회의장형을 어떻게 알아보나? 이런 유형의 국회의원은 양비양시론자로 항상 황희 정승처럼 행동한다. 말과 행동만 보면 여당인지 야당인지 구별하기 어렵다. 당 정체성에 부합하는 활동은 하지 않고 투쟁의 '투'자도 가까이 하려 하지 않는다. 논쟁도 되도록 피하려 한다. 그러다 보니 문제 해결력이 떨어진다. 이 유형을 훌륭한 국회의원이라 볼 수는 없겠다.

대통령 한번 해볼까 하는 원대한 꿈을 가진 국회의원이 있을 거다. 그런 꿈을 가졌다고 욕먹을 일은 아니다. 오히려 권장할 사항이라고 생각한다. 꿈의 크기가 삶의 크기를 결정한다고들 하지 않는가. 나는 이런 유형을 대통령형이라 부른다. 대통령을 해보겠다는 꿈을 가진 사람은 의정 활동도 열심히 하고 대중적 감각도 잃지 않으려고 노력할 것이다. 시대정신과 시대적 화두에 민감하고 국민의 고단한 삶을 어떻게 개선할지 항상 고민하는 유형이다. 이들은 정치권 내의 역학 관계나 친소 관계보다는 대중적 지지가 더 중요하기 때문에 대중에게서 멀어지는 것을 늘 경계한다. 꿈을 향해 나아가면서 왕성하게 의정 활동을 하는 국회의원은 국민에게 도움이 되는 좋은 유형이다.

국민보다 '형님'이 중요한 **형님동생형**

19대 국회 때, 국회 본회의장 휴게실에서 새누리당 초선 OOO 의원이 "정 의원, 내가 대학 선배야."라고 말을 걸어왔다. 나는 "여기가 대학 동창회입니까? 그런 식으로 말하자면 내가 재선이니까 선배죠. 앞으로 선배 의원님, 이렇게 부르세요."라고 대답했다. 주변에 있던 다른 의원들이 "정 의원 말이 맞네." 하며 웃었다. 우스갯소리였지만 부끄럽게도, 국회에는 이른바 '형님동생' 문화가 있다. 고백하자면 나도 맘에 들고 친한 의원 몇몇에게 형님이라고 부르긴 한다.

그런데 왜 굳이 형님동생형을 나쁜 유형에 넣었을까. 형님동생 문화는 공사 구분을 흐리고, 형님동생 관계에 끼지 못하는 사람을 소외시킨다. 형님동생 하는 의원들끼리 "형님이 하는 일이라면 무조선 찬성입니다." 또는 "어이, 그냥 선배 의견을 좀 따라줘." 하는 경우를 국회에서 심심치 않게 볼 수 있다. 국회가 무슨 친목 모임도 아니고 공적 책무를 다해야 하는 자리에 앉은 사람이 이런 구태의연한 행태를 보이면 한심스럽다. 우리 사회에 만연한 학연·지연·혈연 따지는 연고주의를 국회가 앞장서서 끊어내도 모자랄 판이다.

동생 노릇하던 의원이 형님이 되면 동생 취급을 할 또 다른 국회의원을 찾는다. 상명하복의 무한 반복이다. 연장자에 대한 예의는 갖추어야겠지만 어디까지나 인간적 배려 차원이지 준수해야 할 규범 문화가 되면 곤란하다.

형님동생형은 정치적 이슈가 있든 논란이 있든 드러나지 않고 숨어 지내다가 원내 대표 선거나 당 대표 선거가 있으면 지지 성명 발표를 하며 우르르 몰려다닌다. 그럴 때 보면 형님이 누구이고 동생이 누구인지 알 수 있다.

국회 출입기자도 잘 모르는 직업형

나쁜 국회의원 중에는 직업형이 제일 많을 듯하다. 이 유형은 두드러진 게 없다는 특징이 있다. 국회에서 눈에 잘 띄지 않고 출입기자들조차 얼굴도 이름도 잘 모른다. 전국적 인지도에 관심이 없고 그냥 지역구 경조사 열심히 다니며 동네에서 겸손하고 사람 좋다는 말만 들으면 더할 나위 없이 좋아하는 사람들이다. 국회의원 당선 자체가 목표여서 국회의원이 된 후 무엇을 하겠다는 목표가 없고 무사히 4년을 보내고 다음에 재선해야지, 하는 생각뿐이다.

국회 회의란 회의는 다 참석해서 출석률은 좋은데 말을 극히 아낀다. 괜히 구설수에 올랐다간 만회하기 어렵다고 생각해 몸을 사리는 것이다. 특별한 의견이나 주장이 없어 정치적으로 민감한 이슈에 대해 발언하고 언론의 스포트라이트를 받는 것도 별로 원하지 않는다. 이들은 해야 할 말을 안 하고 안 해야 될 말을 가끔 한다.

"어이, 정 의원. 자네는 말이야 말은 다 옳은데 너무 말을 많이 하면 못 써. 그러면 국회의원 오래 못해. 국회의원 오래 하려면 하고 싶은 말은 꾹 참고 안 하고 싶은 달달한 말은 가끔 하고 말이야, 그렇게 해야 돼."

일 안 하고 놀기 좋아하는 선배 국회의원이 나에게 한 말이다.

국회의원 명단 3백 명을 놓고 하나하나 짚어가며 그 국회의원을 떠올려보시라. 아무 기억이 없는 국회의원은 대개 직업형이다. 이런 유형의 국회의원이 제일 많다면 참 불행한 국회고 불행한 국민이다.

대형 이슈가 터질 때마다 한 국회의원이 매번 반응할 수 없다. 그러나 4년 내내 반응한 이슈가 하나도 없는 국회의원이라면 문제이지 않은가. 직업형 국회의원은 국민들 입장에서 보면 물갈이 대상일 뿐이다.

현장에도 없고 해결책도 없는 중진·상층형

보수주의는 기득권층, 부유층의 전유물이 아니다. 진

보 진영에도 보수주의가 있다. 시대가 변했는데도 '김대중 대통령 선거 때는 이랬어, 노무현 대통령 선거 때는 이렇게 성공했어.'라며 예전에 성공했던 방식만 고집한다면 바로 보수주의다. 강산도 변했고 시대가 바뀌고 유권자 인구 구조도 바뀌고 소통 방식도 변했거늘 그 방식 그 타령이다. 보수주의는 자수성가한 사람이 빠지기 쉬운 함정이기도 하다.

15년 전에 초·재선이었던 분들은 이제 4선, 5선 중진 의원이 되었다. 중진 의원의 경험과 경륜은 초·재선 의원의 패기와 열정 그리고 새로운 방식과 연결되어 새로운 가치를 낳을 때 더욱 빛난다. 그런데 한국 정당 정치에서는 언제부터인지 '초·재선 소장파 개혁 모임'이 슬그머니 사라지고 '당 중진 모임'이나 '당지도부-중진 연석회의' 같은 사안별 부정기 모임이 당의 주요한 흐름을 좌지우지하는 일이 많아졌다. 이런 중진 모임은 현장의 목소리를 반영하기보다는 탁상공론인 경우가 많다. 당의 중심을 잡고 혼란을 수습한다는 그럴듯한 명분은 있지만 개혁이나 쇄신과는 거리가 멀고 안타깝게도 과거 방식을 답습하는 수준에 그친다.

중진 모임이 많아지면서 중진 의원들은 이런 모임 참석에 차츰 재미를 붙이게 된다. 그러다 보면 국회의 각종 회의에 출석률도, 입법 성적도 대체로 나빠진다. 현장에도 나가지 않고 현안에 대한 발언도 안 한다. 상임위 질의는 보좌관이 써준 것을 대충 읽고 어디

론지 나가버리고 대정부 질의에도 참여율이 낮다. 처음 국회의원이 되었을 때의 사명감은 어디론가 사라졌는지 국회의원이라는 막중한 임무를 띤 자리를 단순한 직업으로 여기는 이들도 있다. 재선, 삼선이 되면서 야당임에도 스스로 구태가 되어 자기 자신을 갉아먹는 의원들이 많다.

그렇다면 중진·상층형 의원들을 어떻게 식별할 수 있을까? '중진 의원들이 모였다'는 뉴스를 자세히 들여다보시라. 다른 뉴스에는 안 나오고 이런 뉴스의 단골손님일 경우 중진·상층형이라고 보면 된다. 더불어민주당에서 문재인 대표 시절 의정 활동 성적에 따라 하위 20퍼센트를 컷오프한다고 하자 놀고먹었던 중진들이 화들짝 놀라 지도부에 참여하겠다고 바쁘게 움직였던 것도 따지고 보면 다 자리보존용 자구책이었다고 생각한다.

'허전'하거나 왕년파거나 명불허전형

명불허전名不虛傳은 명성이 헛되이 퍼진 것이 아니라 이름이 날 만한 까닭이 있다는 뜻이다. 그러나 여기서는 '이름은 있으나 지나고 보니 참 허전하다.', 이런 뜻으로 쓰고자 한다.

미래로 이어지지 않는 과거의 영광은 한낱 물거품에 지나지 않는다. 그런데 국회에는 유독 과거의 영광 이력서가 풍부한 사람들이 많다. 과거 스타를 영입하면 과연 표가 따라올까.

총선 때가 되면 명망가들이 스포트라이트를 받으며 영입되어 비례대표 순번을 받는다. 당내 경선을 통과하기도 어렵고, 총선에서 반드시 뽑히리라는 보장도 없기 때문이다. 영입 대상 본인도 지역구 출마보다는 비례대표를 선호한다. 이들을 영입하면 당 지지율이 올라가고 이미지도 좋아지는 반짝 효과는 있다. 그러나 영입된 비례대표들의 의정 활동 성적이 반드시 좋다고만 보기 어렵다.

국회에 들어오면 할 일이 엄청나게 많다. 그러나 명불허전형들은 과거 명성이 너무 빛나서 그런지 거기에 안주하고 현재 일을 게을리하곤 한다. 그러다 자신도 모르는 사이에 지나간 시절만 그리워하는 '왕년'파가 되고 '허전'한 사람이 된다. 식사 자리나 술자리에서 '내가 왕년에 말이야!'로 시작하며 국회의원이 되기 전의 영웅담만 늘어놓는다. 동시대의 국민과 소통하는 것을 우습게 생각해서인지 SNS 등 새로움에 굉장히 둔감하고 터부시 한다. 화려하게 영입된 인재였지만 4년 후 입법 실적 등 의정 활동 내용을 보면 허전하기 이를 데 없다. 국회는 이름으로 먹고사는 데가 아니다. 유능하고 일 잘하는 사람을 절실하게 필요로 하는 곳이다. 이름 있는 인재 국회의원이여! 열심히 일하고 문제를 해결하는 유능한 국회의원이 되자. 과거의 이름은 잊고.

센 사람만 쫓아다니는 동아줄형

한때는 김대중에 발탁되어 김대중의 사람으로 활동하다, 한때는 노무현에 발탁되어 노무현의 사람이 되었다가, 정동영의 눈에 들어 정동영의 사람이 되었다가, 어느새 손학규 영입에 찬성해 손학규의 사람이 되었다가, 정세균의 측근이 되었다가, 박지원과 친하다가, 김종인의 사람이 되었다가, 이제 다른 사람을 찾고 다니는 사람이 있다면 믿겠는가.

센 사람이 나타나면 어떻게든 놓치지 않고 잡으려는 동아줄형 정치인을 나는 가장 싫어한다. 자기 이름으로 정치를 하는 것이 아니라 누구의 측근으로 정치를 하는 사람은 자기 계발에 소홀하고 눈치만 늘어가는 아주 못된 정치인 유형이다. 생각해보라, 자신을 뽑아준 유권자보다 힘 센 사람만 찾는 사람이 민생을 걱정하겠는가, 우리 사회 갈등해결사 역할을 하겠는가. 당 내에서 자신의 입지를 챙기는 데만 급급한 의원이 무슨 국회의원인가. 세비 도둑이지.

당 대표가 바뀌어도 항상 그 옆에 있는 국회의원이라면 틀림없는 동아줄형이다. 본인이 유능해서 당의 지도자들이 자기를 중용한다고 합리화하겠지만 그것도 한두 번이고 1, 2년이지 10년 넘게 그 짓을 하고 있다. 이제 약발도 떨어졌고 대중의 눈속임 기간도 끝났다. 지금도 버젓이 살아서 정치는 하고 있다.

이런 유형의 국회의원은 다른 국회의원들 동태 파악을 잘하고 귀동냥 귀신이다. 기자들과 자주 접촉해 얘깃거리가 많아 그걸로 지도자의 귀를 잡아채는 재주가 탁월하다. 이것도 능력이라면 능력이겠으나 동아줄형 지도자에 동아줄형 측근이 모인 집단이 국민에게 도움 되는 일을 할 수 있을까? 하긴 이런 동아줄형이 대중적인 지도자가 되긴 어려울 것이다. 대중은 똑똑하니까.

당 대표 뒷줄 어깨걸이 양쪽을 차지한 **카메라빨형**

염라대왕 유머 한 토막을 들려드리겠다. 저승에는 죽은 원인이 같은 사람끼리 모여 산다고 한다. 통증 중에서 가장 아픈 것이 화상 통증이라 벼락 맞고 죽은 사람들은 모두 인상을 찡그리고 있는데 유독 한 사람만 씩 웃고 있었다. 순찰하던 염라대왕이 이상하게 여겨 물었다.

염라대왕 아니 벼락 맞고 죽은 사람들은 고통스러워 다들 인상을 쓰고 있는데 어찌하여 너는 미소를 띠느냐?

그 사람 예, 저는 벼락 칠 때 카메라 플래시 터지는 줄 알고 '김치!' 하다가 죽었습니다.

염라대왕 대체 너는 직업이 무엇이었더냐?

그 사람 네, 국회의원이었습니다.

국회의원은 이만큼 카메라를 좋아한다. 국회의원은 자신의 활동 내용을 사진에 담아 지역구 주민에게 알려야 한다. 국회의원으로서 당연히 해야 하고 잘해야 하는 일도 맞지만, 보여주기만 잘한다면 사기꾼이다. 예전에 어떤 후보는 김대중 대통령과 다른 사람이 귓속말을 하는 장면에 자신의 얼굴을 편집해 뿌렸다는 얘기도 들었다.

당 대표나 대통령 후보 곁에는 항상 사진 찍히려는 사람으로 들끓는다. 이때 명당자리가 있다. 사진으로 보면 두 번째 줄, 당 대표 어깨 양쪽이다. 당 대표 왼쪽, 오른쪽에는 서열에 따라 최고 위원이 서니까 앞줄에는 낄 틈이 없다.

장외 투쟁 현장이나 국회 본청 앞 계단에서 규탄 대회를 할 때면 으레 당 대표 뒷줄에 재빨리 자리 잡는 국회의원이 있다. 사진을 찾아보면 바로 누군지 알 수 있다. 당 대표 얼굴 나오고 바로 뒷줄에서 얼굴 반쪽이라도 나오기를 바라며 기를 쓰고 명당자리를 사수한다. 권력은 거리에 비례한다고 믿고 마치 당 대표와 사진을 같이 찍으면 자신도 무슨 중요한 인물로 비춰지리라 기대한다. 나는 이런 행태가 거짓말이자 대국민 사기라고 생각한다. 얼굴이 자주 보이면 낯이 익어 나중에 선거 때 선택받기 쉽다는, 바쁜 국민의 빈틈을 악용하려는 꼼수다.

의외로 많은 노심초사 초딩형

국민이 선출해서 국회로 보낸 국회의원은 국민의 질문에 정답을 줘야 한다. 바쁜 국민 대신 문제를 해결하라고 뽑아놓았으니 당연하다. 그런데 어찌된 일인지 자꾸 국민에게 질문만 하는 노심초사 초딩형 국회의원이 있다.

대형 이슈가 터지면 "나는 문제의 핵심을 이렇게 파악하며 우리 당은 이렇게 대처하는 것이 옳다고 본다." 이렇게 말하면 얼마나 좋을까. 그러나 무능한 노심초사 초딩형 의원은 이렇게 말한다. "아니, 어떻게 이런 일이 발생할 수 있나요.", "이게 말이 됩니까.", "이거 어쩌면 좋지요.", "이런 일에는 우리가 신중하게 대처해야 된다고 봅니다.", "전략과 전술을 잘 짜야 합니다.", "대책을 잘 세워야 합니다." 국회에서 회의를 하다보면 때로 이런 답답한 말을 길게 들어야 할 때가 있다. 속이 터진다. 이런 유형은 나쁜 국회의원이자 무능한 국회의원이다. 발언을 듣다보면 이런 유형의 국회의원이 의외로 많다.

독자들의 이해를 돕기 위해 고고도미사일(THAAD, 이하 사드) 한국 배치에 대한 회의를 가상대화 형식으로 엮어보았다.

A 의원 미국의 한국 내 사드 배치는 엄청난 후폭풍을 몰고 오리라 예상됩니다. 국익에 아무런 도움이 되지 않습니다. 중국과 러시아는 사드 배치를 북한 핵 억지용이 아니라 자국에 대한 군사적 위협으로 여기고 있습니다. 러시아에는 동부에 사드를 타격할 수 있는 미사일부대를 배치하려는 움직임이 있고 중국도 사드의 레이더망을 무력화시킬 중무장 첨단 무기로 대항하겠다고 합니다. 이는 한반도가 1백 년 전 청일전쟁 때처럼 제2의 전장으로 돌아간다는 의미입니다. 미국은 미국 본토 외에 단 한 대의 사드도 다른 나라에 배치하지 않고 있습니다. 한국 내 사드 배치가 최초의 사례입니다.

우리는 수출로 벌어먹고 사는 나라입니다. 우리나라 전체 수출량의 26퍼센트를 중국이 수입하며 중국 수출량 중 겨우 4퍼센트만 우리가 수입합니다. 중국이 경제 보복이라도 하는 날이면 그 혼란과 피해를 어떻게 감당하려 합니까?

정부는 사드 배치가 미국 MD(미사일방어체계)가 아니라 순수하게 북핵 저지용이고 한국 보호용이라고 했고, 우리가 먼저 요청했다고 밝혔습니다. 이 발표가 사실이라면 재검토를 요청할 수 있는 사항 아닙니까? 한-미 동맹이 무엇입니까? 동맹국을 곤란에 빠트리는 것이 동맹을 맺은 목적이 아니지 않습니까? 정부에게 미국과 재협상하도록 요구합시다.

미국은 십 수 년 전에 전략적 유연성을 내걸고 세계

군사전략을 바꿨습니다. 기존에 미국은 한 지역에서만 전쟁을 하는 것이 원칙이었는데 이제 동시에 두 곳에서 전쟁을 치를 수 있습니다. 그러면서 일본에게 힘을 실어주는 동북아 군사전략을 세웠습니다. 2012년 한-미 군사정보 보호협정을 체결하려 했고 일본에게 일정한 군사력을 확보해주는 것을 전제로 한-미-일 공조 체제로 중국을 견제하려고 합니다. 미국을 등에 업은 일본 아베 정권은 호시탐탐 평화헌법을 개정해 과거 군국주의 부활을 꿈꾸고 있습니다.

이런 마당에 사드가 배치되면 한국 영토는 군비 경쟁의 격전지가 됩니다. 남북 관계 개선과 통일에 해를 끼칠 가능성이 더 큽니다. 따라서 이를 전면 무효화하고 국회에서 할 수 있는 모든 수단을 총동원해서 강력하게 저지해야 합니다.

노심초사 초딩형 어떡해요. 어떡해요. 참 중대한 문제가 터졌네요. 사드가 배치되면 우리나라는 어떻게 되는 거예요? 왜 이런 일이 갑자기 이렇게 벌어지는 거죠? 정부는 이런 일을 사전에 막을 수가 없었나요? 사드 배치에 따른 우리의 피해를 최소화하려면 우리가 정말 대책을 잘 세워야 합니다. 국민들은 또 얼마나 놀랐을까요. 우리 당이 신중해야 합니다. 어떻게 하면 국민을 안심시킬 수 있을지 잘 대처해야 한다고 봅니다.

노심초사 초딩형 국회의원의 발언 속에는 대책도 없고 전략 전술도 없다. 발만 동동 구를 뿐이다. 문제를 해결하려는 사람이라면 누구나 원인이 무엇인지, 해결 방법은 무엇인지를 찾고 행동에 옮긴다. 그러나 행동하지 않고 발만 동동 구른다는 것은 본인 스스로 이 사안을 자기 일로 여기지도 않고, 해결하려는 노력도, 의지도 없다는 뜻이다. 최소한의 직업의식도 없다고 볼 수 있다. 이런 의원이 의정 활동을 제대로 할 리가 없다.

같은 국회의원으로서 노심초사 초딩형 의원의 말을 듣고 있다 보면 참 형언하기 어려운 그 무엇이 밀려온다. 왜 나한테 물어! 같은 국회의원인데! 하긴 박근혜 대통령도 국민에게 대안이 뭐냐고 물을 때가 있지만. 기가 막힌다.

국민 입장에서 정말 쓸모없는 관료 출신형

정부뿐만 아니라 여당을 견제하고 감시해야 할 야당 국회의원임에도 관료 출신 의원들은 몸에 밴 관료적 속성을 버리기는 어려운가 보다. 마르크스는 존재가 의식을 규정한다고 했다. 정부에서 고위 관료로 근무한 경험이 있어서 그런지, 쓰는 언어가 같고 노는 문화가 같아서 그런지, 그들은 항상 정부 걱정을 한다. 이런 유형의 국회의원은 야당의 언어보다 여당의 언어가 더 친숙하고, 옛날의 인연이 더 소중하기에 같은 당보다 상대 당 국회의원이 더 편하다.

장관 출신 국회의원은 지금의 장차관이나 실국장이 과거엔 자기 부하 직원이었다. 따라서 서로 성향을 잘 안다. 어떤 말이 먹힐지 척하면 척이다. 물밑에서 공무원들이 사정하면 일장훈시를 한번 하고 못 이기는 척 넘어가는 경우가 비일비재하다. 지적 사항 몇 개 고치고 "의원님 의견 충분히 반영했습니다." 하고 들이밀면 "음 잘했구먼." 하고 봐준다.

인사 청문회 때 보면 가관이다. 남북 정상회담 대화록을 공개해 버린 장본인, 남재준 국정원장 청문회 때도 관료 출신 야당 의원들이 후보자와의 인연을 앞세워 '그 사람 청렴한 군인이다. 노무현 대통령 때 키워준 사람이다.'며 통과시키자고 바람을 잡는다. 그리고는 아마 통과 후에 전화를 걸어 에헴, 하며 자기가 통과시켜줬다고 유세를 떨 것이다. 본인들이야 국정 운영에 협조했다 하겠지만 엄연히 결격 사유가 있는 사람을 정부 요직에 앉히는 데 동의한 사실은 민생에 중대한 해악을 끼치는 일이 아닌가. 이는 국회의원이 뭘 하는 사람인지를 깡그리 망각한 행위이다.

이런 유형의 국회의원은 거시 경제 보고서나 통계 수치를 받아 보던 습관이 있기 때문에 그것만 중요하게 여기고 약하고 힘없는 국민이 고통 받는 현장은 살피지 않는다. 여당으로 가도 전혀 상관없을 사람들이다. 행정부 견제를 과거 자신에 대한 공격으로 느끼는 건지 뭔지, 이들은 자기 임무에 소홀하다. 정부 감시하라고 국회의원으로 뽑아놓은 것 아닌가? 그런데 왜 정부 편드느라 급급한지 한심할 뿐이다. 국민 입장에서 정말 쓸모라고는 찾아볼 수 없는 나쁜 국회의원이 아닐 수 없다.

당론 위배를 업으로 삼는 청개구리 해당행위형

동쪽으로 가자면 서쪽으로, 위로 가자면 아래로 가는 사람이 있다. 조직 내에서 언제나 꼭 반대표를 던지는 사람이 있다. 의원총회에서 당론으로 결정한 사안을 놓고 청개구리 해당행위형은 의총장을 빠져 나가며 꼭 기자들에게 한마디를 한다. 4·30 보궐 선거 후 열린 의원총회에서 문재인 대표의 사퇴를 주장한 사람은 딱 한 명이었다. 99대 1의 비중이지만 언론은 꼭 그 1의 비중을 50퍼센트로 다룬다. 그리고 이 의원은 지상파 TV 인터뷰에 초대받아 왜 문재인 대표가 사퇴해야 하는지 떠들어댄다. 사퇴 반대를 주장하는 99퍼센트의 의견은 되레 소수 의견처럼 비춰진다. 청개구리 해당행위형 국회의원은 바로 이런 언론 지형을 노리고 즐긴다.

정당 소속 국회의원들에게는 가장 나쁜 동료다. 2012년 대선 전까지 종편 출연금지는 당론이었다. 그 당론이 옳은지 그른지에 대한 생각은 각기 다르겠지만, 상식적으로 봤을 때 종편은 야당을 못 물어뜯어 안달 난 족속들이다. 종편에서 한 번 공격받고 논란이 되면 그걸 만회하느라 얼마나 많은 에너지가 들어가나. 그러니 당 차원에서 출연을 자제하자고 했는데, 쪼르르 종편으로 달려가 버젓이 출연해 이런 대화를 주고받는다.

종편 앵커 민주당 국회의원은 왜 종편에 나오지 않습니까?

해당행위형 그러게요. 평양에는 가면서 종편은 안 나오고.

한숨이 절로 난다. 도대체 어느 당 소속 의원인지 알 수가 없을 지경이다.

국정원 댓글 사건으로 국회의원이 시청 앞 광장에 천막을 치고 장외투쟁을 한 적이 있다. 그럼 이때다 하고 이런 부류 국회의원이 튀어나와 '민생이 중요한데 왜 장외로 나가나?' 하고 새누리당 대표가 할 법한 발언을 한다. 그럼 종편에서 대서특필하고 하루 종일 보도를 해준다. 야당 의원으로서 투쟁 현장에 나가는 것이 무슨 잘못인가? 오히려 격려할 일 아닌가?

교묘하게도 청개구리형은 의도적으로 갈등을 유발하고 분란을 일으킨다. 한두 번이면 그런가 보다 넘어갈 수도 있는데 다들 목격하셨다시피 청개구리형은 당론 위배를 업으로 삼는다. 이런 해당행위형 의원은 당의 규율로 중징계해야 한다. 정말 나쁜 국회의원이며 퇴출되어야 한다. 내가 오죽하면 "정신적 새누리당원이냐? 차라리 새누리당으로 가라."라고 했을까? 그런데 그 의원이 진짜 새누리당으로 갔다. 내 염력에 나도 놀랐다. 결국 이런 청개구리 해당행위형 국회의원은 대부분 탈당을 했다. 아직 당 안에 머무는 사람도 있지만.

주제파악을 못하는 **권위주의 갑질형**

자기도 모르는 사이에 걸리는 국회의원 병이 있다. 입만 성하고 손발이 사라지며 어깨가 뒤로 넘어가고 말도 걸음걸이도 느릿느릿해지고, 쓰는 단어도 느끼해진다. 응원한다고 하면 될 것을 꼭 격려한다고 말한다. 무슨 일이든 입으로만 지시하고 끝이며 손발 역할은 보좌관이 대신해준다. 이것에 익숙해지면 용불용설처럼 손발이 퇴화해 나중에는 뇌 손상까지 염려가 된다.

갑질형 의원은 자기 핸드폰을 자기가 받지 않고 보좌관이 받는다. 직접 전화를 받으면 어디 덧이라도 나는가. 전화를 못 받을 상황이 아닌데도 보좌관에게 '나중에 연락드린답니다.'라고 대답하라고 시키고 다음에 전화도 하지 않는다. 아무개가 4년짜리 국회의원 권한을 위임받았지 그 권한이 영원불변하지 않다는 사실을 갑질형 국회의원은 망각한다.

국회의원은 이 사회의 갑이면서 을이다. 이게 무슨 얘기인가? 국회의원은 때와 장소에 맞춰 갑으로 또는 을로 모드 전환을 신속하게 해야 한다는 의미다. 한시라도 자기 객관화를 잊으면 안 된다. 국회에 출근해서는 국민을 대표해 당당하게 주인(갑)으로서 주어진 권한을 행사해야 한다. 국정감사와 예산안 심의를 하고 행정부를 감시·비판하고 대안을 제시해야 한다. 이때 행정부 권력에 주눅 들어서는 안 된다. 그러지 말라고 국민이 권력을 위임해주었다. 개인이 갑이 되라는 말이 아니라 국민의 이름으로 갑의 역할을 하라는 뜻이다.

국회의원이 국회에서 퇴근을 할 때는 바로 을로 모드 전환을 해야 한다. 지역구에 가면 모두가 나의 상전이다. 지역구 유권자가 곧 국회의원직 생사여탈권을 쥔 주인이고 나는 머슴이자 일꾼이다. 지역구 유권자가 나를 뽑아 주지 않으면 나는 국회의원직을 얻지 못한다. 국회의원 입장에서는 지역구 유권자가 장관보다 높다.

국회에서는 장관 앞에서 서면 한없이 작아지고 모기 소리로 절절 매고 지역구에 와서 유권자한테는 고압적 태도로 큰소리치는, 모드 전환을 거꾸로 하는 의원들이 있다. 이러면 다음 선거에서 십중팔구 낙선하게 될 것이다. 국회의원이 가진 권력이 잠시 빌린 것임을 망각하면 큰코다친다.

가끔 국회의원의 권한을 벗어나 공무원에게 인간적으로 모멸감을 주거나 유권자에게 마치 주객이 전도된 듯한 태도를 보이는 갑질형 국회의원을 본다. 민원을 해결하면서도 마치 자기 호주머니 돈을 쓰는 양 으스대는 국회의원을 보거든 주인으로서 한마디 해주시라. "당신 누가 뽑아주고 월급 주냐?"고.

국회의원 감별을 위한 언론 감별법

국회의원은 유권자를 무서워하지만 언론은 더 무서워한다. 나를 뽑아주는 유권자들이 언론이 보여주는 것만 보고 들려주는 것만 듣기 때문이다. 국회의원은 언론에 노출된 가장 약한 고리다. 괜히 언론에 찍혀 '씹히는 기사'만 나오면 지역구 평판이 안 좋아지고 결국 표가 떨어져나가니까.

그래서 국회의원은 영향력 있는 국회 출입기자 경조사나 언론사 창립식에는 아무리 바빠도 참석한다. 못 가더라도 최대한 성의 표현을 한다. 밥도 열심히 산다. 개인적으로 알고 지내는 사이가 아니어도 기자에게는 관대하다. 국회의원이 제일 의식하면서도 제일 싸우기를 주저하는 상대는 단연코 언론이다. 자신에 대해 오보가 난다면 적극적으로 대처하지만, 정치 현안을 두고 언론과 각을 세우는 국회의원은 거의 없다.

정당 대변인단은 거의 날마다 기자들과 오찬, 만찬을 하고, 위장에 구멍 난다고 할 만큼 술을 매일 마시며 친해지려고 애를 쓴다. 그렇다고 기자들이 좋은 기사를 많이 써줄까? 절대 그렇지 않다. 기자와 국회의원 사이에 인간적인 정이 아예 없진 않지만 찻잔 속 정리情理에 그친다. 국회의원이 1년 365일 매일 칭찬받을 일만 하겠는가. 아무리 친한 사이라 해도 국회의원이 사고를 쳤을 때 언론은 그냥 넘어가주지 않는다. 당연하다. 그러니 언론이나 기자들을 향한 짝사랑은 의미가 없다. 나는 불가근불가원, 그냥 국회의원답게 당당하게 언론을 대하는 것이 제일 좋다고 생각한다.

국정감사 때, 정말 중요한 이슈여도 언론이 다루지 않으면 묻힌다. 국정감사 시즌에는 하루에도 수백 건씩 이슈가 쏟아지기 때문에 언론이 다 다룰 수가 없다. 대형 이슈는 당연히 쓰지만 소소한 일이 기사로 나왔다면 호의로 그냥 써준 것이다. 열심히 뛰었던 국회의원 입장에서는 기사가 나지 않아 국민에게 알려지지 않으면 베스트 국회의원에 뽑힐 수 없다. 그래서 보좌관들은 국정감사 때 국회의원의 활약이 한 줄이라도 기사에 들어갈 수 있도록 눈물겨운 노력을 한다.

어떤 사건을 심층 기사로 처리할지, 스케치 기사로 가볍게 내보낼지, 심하게 '조질'지 다 언론사가 자신의 이익에 맞게 결정하고 편집한다. 상업적 이익일 수도, 정치적 이익일 수도 있다. 언론사는 편집 의도와 편집 목표를 갖고 있고 이건 편집권이자 언론의 자유이니 어느 누구도 간섭할 수 없다.

국회의원은 정부 부처 장관에게 갑의 권력을 행사하고 언론은 국회의원에게 갑의 권력을 행사한다. 언론은 우리 사회 갑중의 갑이라고도 할 수 있다. 그런데 언론이라는 권력은 이중성을 띤다. 언론사는 기사로 공적 영향력을 행사하지만, 언론사 자체는 이윤추구가 목적인 사기업이다. 공공의 이익을 지키기 위해 주어진 언론 자유가 사주의 정치적 편향에 따라 침해받거나 남용되는 모습을 우리는 자주 보고 있다. 선출되지 않은 권력을 쥔 언론사의 소유와 경영이 분리되어야 하는 이유다. 이런 현실 속에서 우리는 어떤 시각으로 언론을 바라봐야 할까?

나쁜 기사, 게으른 기사, 좋은 기사

언론이 기사에서 국회를 어떻게 다루는지 살펴보자. 현장을 발로 뛰며 새로운 소식을 전하고 깊이 있는 분석 기사를 쓰는 기자도 많다는 점은 잘 알고 있다. 그러나 '지면 낭비가 아닌가?' 싶은 기사도 자주 눈에 띈다. 바쁜 삶 속에서 그런 기사를 걸러내기 쉽도록 몇 가지 유형으로 나누어보았다. 내가 생각하는 좋은 기사는 수고하는 기자들에게 감사하는 마음을 담아 가장 마지막에 썼다.

• 달력 기사

매년 반복되는 기사가 있다. 국정감사를 예로 들면 첫날은 그날의 이슈와 더불어 꼭 빠지지 않는 기사가 있다. 자기 질문만 마치고 자리를 뜬 국회의원, 질문만 하고 답변은 듣지 않는 국회의원, 스마트폰을 보는 등 딴짓하는 국회의원, 고압적인 태도로 호통 치는 국회의원은 매년 구태 국감을 꼬집는 단골 메뉴다. 하루 10시간 넘게 계속되는 국정감사에서 열심히 준비한 자료를 바탕으로 행정부의 잘못을 지적하고 시정하겠다는 답변까지 받아내며 잘하다가 하필 삐끗한 그 시간에 카메라에 잡히는 국회의원은 억울하다. 국민이 알아야 할 정보는 없고 욕할 거리만 뽑아 놓은 '파 빠진 육개장' 같은 반복성 보도는 좋은 기사가 아니다.

지방 국감을 가면 술집에 갔느냐 안 갔느냐, 폭탄주를 마셨느냐 안 마셨느냐, 외통위가 해외 국정감사를 가면 예산낭비다, 등등의 기사는 매년 나온다. 대정부 질의는 잘했든 못했든 알맹이가 없다고 보도되고, 정치 평론가들은 대정부 질의 무용론까지 들먹이며 국회를 비난한다.

이런 기사에는 어떤 의미가 있을까? 국회의원이 허리를 곧추세우고 똑바로 앉아 진지한 표정으로 정면을 보게 하는 데 도움이 되기는 한다. 그러나 그런 소소한 사항을 지적하기 보다는 국회에서 무슨 일을 했는지 중점적으로 보도해야 하지 않을까? 국회의원들의 주장이나 의견은 없고 지엽적이고 말단적인 내용을 반복하는 숲도, 나무도 보여주지 않는 기사는 나쁜 기사다.

물 마시는 사진을 크게 넣고 '목 타는 문재인', 가볍게 인사하는 사진을 넣고 아래 '심각하게 귓속말하는 누구누구', 통화하는 사진 넣고 '청와대와 통화하는 것일까?'라는 캡션을 달아놓은 기사. 그냥 부인과 통화했거나 "점심 드셨어요?" 정도 이야기를 나눴는데 소설 수준으로 작위적인 기사를 쓴다. 사실 국회의원은 기자들 앞에서 가벼운 인사 정도만 나눌 뿐 중대한 논의를 하는 경우는 거의 없다. 사진 한 장으로 때우는 수박 겉핥기 보도로 정치 혐오를 부추기는 기사는 추방되어야 한다. 대단히 불성실하고 비생산적이며 성의 없는 기사다.

- **싸잡아 욕하는 기사**

정치권 뉴스에서 칭찬은 없다. 칭찬거리가 없어서가 아니라 비판할 기사가 넘쳐서다. 좀 더 정확하게 말하면 칭찬하는 기사는 안

팔린다. 독자들이 재미없어 하니 클릭 수가 떨어진다. 그러니 어떻게 해서든 비판거리를 쥐어짜낸다. 국회의원이 칭찬받을 일만 한다고 우기는 것이 아님을 알아주시길. 언론은 객관적인 근거를 갖고 국회를 비판해달라는 얘기다.

언론은 국회가 반대를 위한 반대, 비판을 위한 비판을 한다고 비판한다. 그런데 언론도 비판을 위한 비판을 하지는 않았는지 뒤돌아봤으면 한다. 무의미하고 비생산적인 비판보다는 그 시간에 차라리 국민에게 정보와 지식을 전하는 지면을 더 늘리는 편이 낫지 않을까. 구태 정치도 추방해야 하지만 구태 보도도 추방해야 한다.

- **계파조직표**

국회 개원 초기 단골로 나오는 기사가 있다. 국회의원 이념 지형이라며 그래프까지 만들어 보도한다. 좌左부터 우右까지 10단계로 나누어 누구는 급진 좌파, 누구는 중도, 누구는 극우로 분류한다. 정확한 근거도 못 찾겠고, 국회의원이 보도된 이념 지표대로 의정활동을 하지도 않는다.

또 대표적인 무익한 기사로는 정당 안 계파 조직표가 있다. 관심을 끌 수는 있으나 정확한 기준이 없으니 보도하는 언론사마다 분류하기 나름이고 잘 맞지도 않는다. 나만 해도 10년간 언론사 마음대로 친노-비노-반노-친노-반노 여기저기 계파에 갖다붙였다. 나는 '정청래'일 뿐인데. 모두 언론 상업주의가 배출한 선정적인 기사다. 이런 기사는 읽지 마시라. 우리 모두에게 대대손손 백해무익하다.

• **'(괄호치기)' 기사**

많은 국회의원이 언론사 괄호치기에 당한다. 예를 들면 이런 것이다. 기사를 다 써놨고 누군가의 멘트가 필요하다. 그럼 그런 대답을 해줄 만한 국회의원에게 전화를 걸어 물어본다. 전화를 받은 국회의원은 자신의 멘트가 어떻게 쓰일지 모른 채 답변하는 경우가 부지기수인데, 자기 뜻과 정반대로 악용되는 사례가 너무도 많다. 기사에다가 버젓이 여러 명 취재를 해 사실을 확인하고 보편성을 획득한 것처럼 써놨다. 초선 국회의원들도 몇 번 당하고 나면 이런 취재 관행을 알게 된다.

이런 괄호치기보다 더 나쁜 기사도 있다. '이 분야 전문가에 따르면', '어느 고위층 관계자에 따르면'이라는 구절이 들어간 기사다. 그 전문가나 관계자가 누구냐고 물으면 취재원 보호 원칙에 따라 말할 수 없다고 한다. 전문가나 관계자에게 직접 물어보기라도 했으면 다행이지만, 기자가 그냥 자신의 의견을 마치 취재한 내용처럼 꾸며서 쓰는 경우도 많다.

• **'싸운다', '싸운다', '싸운다'**

언론은 국회의원이 싸우는 이유를 다루지 않고 싸움 그 자체만 비판한다. 안 싸우면 국익에 도움이 될까. 언론은 어떤 중요한 법이 통과되기 전에 여야 논란이 있다고만 기사를 쓰고, 막상 그 법이 통과되면 우리 사회에 어떤 변화가 올지 후속 보도는 안 한다. 국민의 알 권리를 전혀 염두에 두지 않는 모양이다.

2004년 17대 국회에서 4대 개혁입법 중 하나였던 신문법이 통과될 때 6개월 동안 논란 자체만 문제 삼은 기사가 넘쳐났다. 신문 구독을 권유하면서 자전거나 상품권, 비데를 나눠주는 행위를 신고하면 뿌린 경품 액수의 최고 50배까지 포상금을 받게 되는 신문신고포상금제가 신문 시장을 정상화하려는 제도라는 본질은 진보 매체든 보수 매체든 아예 언급 자체를 하지 않았다. 신문사 경영 자료(전체 발행부수, 유가부수, 구독료 수입, 광고료 수입) 공개 의무화, 신문 시장을 과점하고 있는 대형 신문사의 종편 겸영兼營 금지 등 핵심 사항도 보도하지 않았다. 이명박 정권 때 이 신문법이 휴지 조각처럼 폐지되면서 종편이 탄생했다. 이 법의 대표 발의자인 내가 조중동의 타깃이 된 이유다.

• **가십이거나 베꼈거나**

대통령이 해외 순방에서 무슨 옷을 입었는지, 어떤 의전을 받았는지 보다는 회담에서 어떤 사항을 논의했고 순방 결과는 무엇인지가 더 중요하다. 그러나 그런 분석 기사는 찾아보기 어렵고 청와대에서 받은 보도자료를 그대로 베낀 기사만 눈에 띈다.

하루에도 수많은 사건이 터지고 기자들은 그걸 취재하느라 바쁘다는 사실을 모르지는 않지만, 보도자료를 베낀 기사는 퇴출되어야 한다고 생각한다. 대통령이 해외 순방을 나가서 잘했는지 못했는지 정도는 국민이 알아야 하지 않겠나. 국회가 일을 제대로 하고 있는지, 이번에 통과된 법이 삶에 어떤 영향을 끼치는지도 기사를 보고 알 수 있어야 한다고 생각한다. 그런데 국정감사 기간에는 국회의원 보좌관들이 기사를 거의 써서 주다시피 하는 경우도 있다. 현실적 어려움을 모르진 않지만, 언론은 이런 관행을 반드시 개선해야 한다. 출입기자, 전문기자라면 격조 높은 심층 보도를 기사로 내주시길 기대한다.

• 야당 때리기가 존재 이유인

언론은 권력과 유착하지 않고 권력을 비판해야 한다. 그게 본연의 역할이다. 우선 비판하고 감시해야 할 대상은 대통령, 행정부, 여당이다. 여당과 행정부는 공무원 조직과 예산을 좌지우지하는 실행력을 갖고 있으며, 사법부에까지 영향력을 끼친다. 대한민국 권력의 80~90퍼센트 이상을 사실 다 가지고 있으니 그에 걸맞게 가장 많이 비판받아야 한다.

언론이 야당을 비판하려면 정부와 여당을 효율적으로 비판하고 감시하며 견제하고 있는지에 초점을 맞춰야 하지 않을까. 그러나 하루 종일 편파 방송만 내보내는 종편은 야당 비판 전문 방송 같다. 여당과 한편이 되어 야당을 마구 공격한다. 이런 언론은 정부와 여당의 기관지로 취급할 수밖에 없다.

• 반갑다 '더 300'

국회에 등록된 언론사는 450개이고 출입기자만 1,678명에 이른다. 대형 언론사도 있고 소규모 언론사도 있다. 이 가운데 국회를 중점적으로 취재하고 보도하는 언론사가 있다. 〈머니투데이〉다. 나는 특히 이곳에서 만든 '더 300'이란 코너가 고맙다. 대형 언론사는 아니지만 머니투데이는 국회에 가장 많은 수의 기자를 파견했고, 18개 상임위마다 전담 기자를 두었다. 상임위 내 법안소위에도 들어와 중요 법안은 쟁점과 논점을 자세히 취재해 가장 심도 있는 기사를 쓴다. 현재 국회의 쟁점 사안이 무엇이며 국회가 제대로 돌아가고 있는지를 알고 싶다면 〈머니투데이〉 '더 300'의 기사가 안성맞춤이다.

2016년 박근혜 정권은 지방자치단체가 지방채를 발행해 누리과정 예산을 충당할 수 있도록 지방재정법을 개정하라고 요구했다. 그러나 지방정부가 빚을 더 내도록 법을 개정하는 것은 지방재정법의 목적인 지방재정 건전화와 정면으로 충돌한다. 〈머니투데이〉가 이 문제를 심층 보도했다. 결국 정권 뜻대로 되긴 했지만.

언론의 자유, 언론의 횡포

군부독재 시절 언론사가 통폐합되고 언론 자유는 처참하게 말살되었다. 1987년 6월 항쟁을 거쳐 국민의 힘으로 언론 자유를 되찾았다. 그러나 권력의 통제 없이 국민의 알 권리를 보장하기 위해 되찾아온 언론 자유를 이른바 주류 언론들은 권력으로 남용하고 있다는 생각이 든다. 내 눈에는 국민을 괴롭히는 권력의 편을 들고 정권의 나팔수가 되어 민주주의를 지키기는커녕 오히려 민주주의를 위협하는 흉기로 보인다. 말이 너무 심하지 않느냐고? 한번 예를 들어보겠다.

재난방송 주관방송사인 KBS는 세월호 참사와 메르스 참사 때 왜 제대로 된 보도를 하지 않았는지, 공공성과 진실을 간판으로 건 언론들이 사드 배치 투쟁 보도에서 왜 '외부 세력' 운운하며 문제 삼는지, 위안부 피해자 협상 보도에서 피해자의 목소리는 왜 거의 전하지 않는지 따져 묻고 싶다.

정부와 여당에 권력이 집중되어 있는데 여당과 야당 사이에서 언론사가 기계적 중립을 지킨다면 이는 결과적으로 여당 편을 드는 셈이다. 상황을 자세히 설명하지 않고 무작정 충돌 장면을 내보내면서 야당과 시민사회의 주장은 보도하지 않는다면 이는 왜곡 보도이자 편파 보도이다.

국회는 국회의 역할을 제대로 해야 하고 언론은 언론의 역할을 제대로 해야 한다. 국회가 제대로 역할을 하는지 언론이 감시하고 비판하듯이 언론이 제대로 역할을 하고 있는지는 국회가, 국민이 감시하고 비판해야 한다. 언론 기사를 비판적 시각으로 보는 것부터 시작하자. 활자로 된 것을 쉽게 믿는 우리 인간의 심리를 경계하며 신문이나 방송에 나왔다고 전부 진리가 아니라는 점은 잊지 말자. 그 언론사, 그 기자의 주장일 뿐이다. 스포츠 경기 점수 말고는 한 번쯤 저 신문에 나오는 기사가 진실인지 곱씹어 보자. 잘못된 기사가 나오면 그 기자에게 항의 메일을 보내거나 댓글을 달자.

-

미국은 잘못된 언론 보도로 입는 피해가 위중하다고 여기고 허위편파 보도를 막고자 징벌적 손해배상 제도를 도입했다. 대형 오보나 심각한 피해를 입힌 기사를 내면 그 언론사는 문 닫을 정도로 큰 금액을 배상을 해야 한다. 우리나라도 2004년에 언론 보도에 대한 징벌적 손해배상 제도를 법제화하려 했지만 성공하지 못했다. 대신 언론중재위를 통해 피해를 구제받도록 하는 법이 통과되었다. 허위, 왜곡 보도에 대해서는 사후약방문이긴 해도 언론중재위에 제소하거나 민형사상 고소 고발도 적극 고려해야 한다. 특히 종편에서는 더욱 엄격하게 대응하자. 그래야 언론도 긴장하고 조심하지 않겠는가.

2 국회의원 사용법

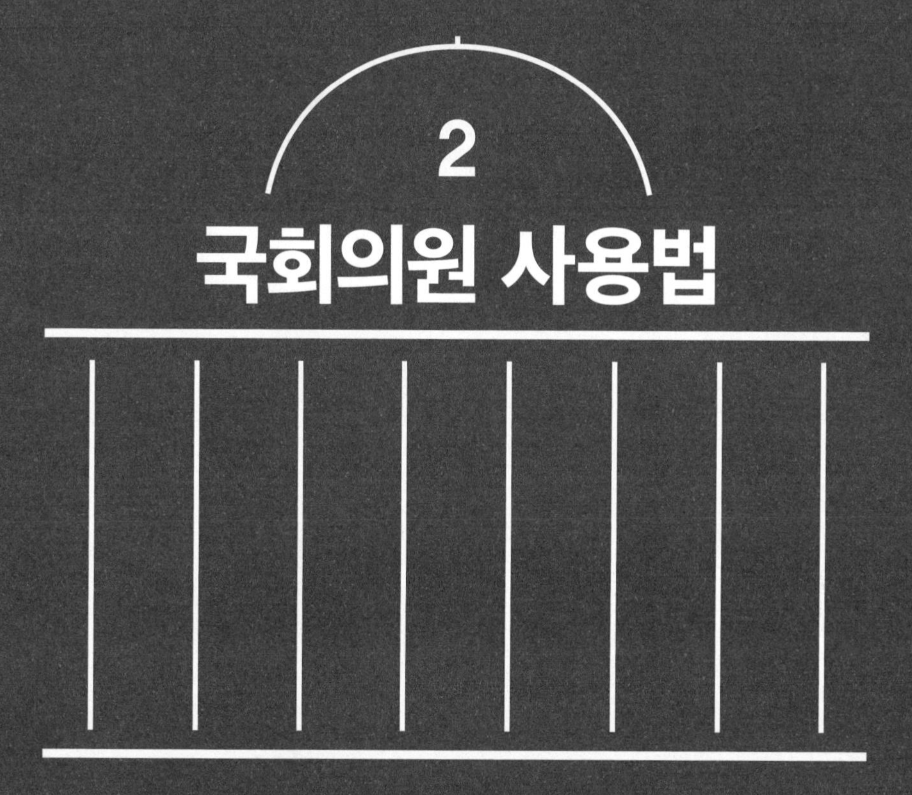

세상에서 벌어지는 여러 일들을 두고 사람마다 생각이 다를 수 있다. 사사건건 이견과 분쟁을 조정하는 기준이 없으면 얼마나 혼란스러울까. 대한민국의 이념이나 기본 방침은 130개 조항으로 이루어진 헌법에 나와 있다.
이 130개 조항을 압축 요약한 헌법 전문은 다음과 같다.

〈헌법 전문〉

유구한 역사와 전통에 빛나는 우리 대한국민은 3·1운동으로 건립된 대한민국 임시정부의 법통과 불의에 항거한 4·19민주이념을 계승하고, 조국의 민주개혁과 평화적 통일의 사명에 입각하여 정의·인도와 동포애로써 민족의 단결을 공고히 하고, 모든 사회적 폐습과 불의를 타파하며, 자율과 조화를 바탕으로 자유민주적 기본질서를 더욱 확고히 하여 정치·경제·사회·문화의 모든 영역에 있어서 각인의 기회를 균등히 하고, 능력을 최고도로 발휘하게 하며, 자유와 권리에 따르는 책임과 의무를 완수하게 하여, 안으로는 국민생활의 균등한 향상을 기하고 밖으로는 항구적인 세계평화와 인류공영에 이바지함으로써 우리들과 우리들의 자손의 안전과 자유와 행복을 영원히 확보할 것을 다짐하면서 1948년 7월 12일에 제정되고 8차에 걸쳐 개정된 헌법을 이제 국회의 의결을 거쳐 국민투표에 의하여 개정한다.

헌법 정신에 맞지 않게 정반대로 우김질을 하며 나가려는 반反헌법 세력들도 지금 이 순간 같은 하늘 아래 살고 있지만, 대한민국의 모든 법률은 헌법에 어긋나서는 안 된다. 국회의원은 헌법에 기초해 국회에서 법을 만들고 고치고 없애는 일을 한다. 국회에서 통과되는 법과 조항 하나하나는 내 삶을 송두리째 바꿀 수 있다.

예를 들겠다. 우리나라 차량의 운전대는 왼쪽에 있다. 그런데 갑자기 국회에서 대한민국에서 운행되는 모든 차량의 운전대를 오른쪽에 두라는 법을 통과시켰다고 가정하자. 내 차가 불법 차량이 되고 운행할 수가 없다. 이 법 하나가 통과되면 우선 차량 운행을 우측통행에서 좌측통행으로 바꿔야 하고 대한민국의 교통 체계까지 송두리째 바꿔야 한다. 비용은 얼마나 들 것이며 모든 국민이 익숙해질 때까지 혼란과 사고는 얼마나 겪어야 할까.
또 하나 예를 들어보자. 우리나라는 교육법에서 6-3-3-4 학제를 규정하고 있다. 학제를 5-3-3-4로 바꿔 초등학교 5학년을 마치면 졸업한다고 가정하자. 한 학년이 줄었으니 초등학교에 필요한 교사 수가 줄고 유치원 입학 나이도 한 살 낮춰야 하고,

대학 진학은 1년 빨라진다. 군 입대 연령은 어떻게 바꿔야 하며, 선거 가능 연령은 19세에서 18세로 낮춰야 하나? 아니면 17세로? 온 사회가 서로 맞닿은 많은 문제를 두고 분쟁과 갈등으로 들끓을 것을 생각하니 아찔해진다. 교사와 학교뿐 아니라 그 많은 교육 업체에는 어떤 변화가 있을까.
또 그 변화는 어떻게 조정되어야 하는가.

이처럼 법 한 줄 개정으로 많은 사람이 울고 웃는다. 그 사람이 당신일 수 있다. 이미 울고 웃을 일이 벌어졌는데 모르고 지나쳤을 수도 있다. 여행을 할 때도 아는 만큼 보인다고 한다. 국회의원도 마찬가지다. 잘 알고 잘 활용하면 나도 나라도 편해진다. 나는 우리 삶과 사회에 영향을 미치는 국회의원을 국민께서 잘 활용하기를 간절히 바란다. 그들이 누군지, 무슨 일을 하는지 잘 알고 제대로 부리시기 바란다. 우선 국회에 대한 오해부터 풀어보자.

오해는
풀고 가자

국회의원이 비난받는 첫째 이유는 국민 정서에 깊이 자리 잡은 정치 혐오에서 비롯되었다고 생각한다. 그러나 나는 정치적 냉소와 무관심이 만연해 투표율이 떨어질수록 이득을 얻는 집단이 의도적으로 정치 혐오를 부채질하고 있다고 믿는다. 그동안 누누이 목격하지 않았던가. 보수 세력이 정치 혐오를 조장해 이득을 챙겨온 모습을. 국회의원과 정치권에 관한 오해, 일단 풀고 시작하자.

싸우지 마라

"제발 싸우지 좀 마라." 국회의원이 제일 많이 듣는 말이다. 그러나 누구를 위해, 무엇을 위해 싸우는지 묻지 않고 그저 싸우지 말라는 말에 나는 할 말이 많다. 꼭 싸워야 할 때가 있다고 믿기 때문이다. 나는 오히려 이렇게 묻고 싶다. 대한민국 국회는 정말 너무 싸워서 문제일까? 아니면 제대로 못 싸워서 문제일까?

국회는 싸우는 장소다. 국정교과서가 옳은지 그른지 싸우고, 친일 역사를 지우고 상해 임시정부의 법통을 무시한 '1948년 건국절'이 옳은지 그른지 다투고, 깎아준 재벌들 법인세를 정상화하여 서민들 세금 부담을 덜어주는 것이 맞는지 아닌지 논쟁하는 곳이 국회다.

영어로 '의회parliament'의 어원은 '시끄럽게 떠든다parlia'와 '장소ment'이다. 민주주의 선진국, 영국 의회를 보자. 칼로 싸우던 것을 말로 싸우자며 의회를 만들었다. 양쪽에서 칼을 겨눴을 때 서로에게 닿지 않는 거리가 4미터쯤 된다고 하는데, 그들은 폭 4미터짜리 테이블을 사이에 두고 여야가 말로 시끄럽게 싸운다. 의회에서의 말싸움을 BBC에서 생중계한다. 영국 국민은 총리의 말이 맞는지 야당 국회의원의 말이 맞는지 직접 듣고 판단한다.

"의원님, 제발 싸우지 좀 마세요." 17대 국회 때 어느 초등학교 학부모 간담회에서 한 학부모가 내게 퉁명스럽게 던진 말이다. 간담회 며칠 전 강남북균형발전특별법을 통과시키느라 국회 본회의장에서 벌인 몸싸움 때문이다. 강북에 있는 학교나 학부모에게는 절실하게 필요한 법을 통과시키느라 싸웠는데 이 법이 무엇이고 내 자녀의 교실에 어떤 변화가 있는지 몰랐으니 한 말이다.

이 법의 취지는 무엇인가. 지금의 강남을 만드는 데 쓴 돈은 강북이 낸 세금이었고, 이제 강남이 잘살게 되었으니 강남의 세금을 강북 발전에 쓰자는 거다. 강남구는 지방 재정 자립도가 2백 퍼센트이고 마포구는 50퍼센트 이하다. 즉 강남구 예산은 1백 억이 필요한데 2백 억의 세금이 걷히고 마포구는 1백 억이 필요한데 50억의 세금밖에 안 걷힌다. 이유는 재산세다. 그래서 각 구청에서 걷어서 쓰는 재산세를 서울시세로 돌려 나누어 쓰고, 구마다 크게 차이가 없는 서울시세인 담배세를 구세로 전환하자는 법을 싸움 끝에 통과시켰다. 물론 손해를 보는 당시 한나라당 소속 강남구, 서초구, 송파구 구청장들은 삭발 투쟁까지 벌이며 반대했다. 국회 본회의장에서도 한나라당은 결사반대했고 당시 열린우리당은 땀을 뻘뻘 흘리면서 통과시켰다.

이 법이 통과되면서 강북 지역은 구별로 적게는 몇 억에서 많게는 수십 억의 예산을 추가로 확보했다. 마포구에서는 그 돈을 아이들 교실 컴퓨터와 칠판 교체, 에어컨 설치 등 교육환경 개선 자금으로 쓸 예정이었다. 그 학부모에게 말했다. “우리 아이들 교실 좋게 바꿔주는 예산 확보하느라고 싸웠는데 잘못했나요?” 설명을 들은 학부모가 미안해서 어쩔 줄 몰라 했다.

"정 의원, 제발 싸움 좀 그만해." 경로당에서도 똑같다. "어르신, 여기 경로당 에어컨 쌩쌩 돌아가고 난방 잘 되죠?"라고 물으며 설명한다. 전국 경로당 냉난방비는 약 650억인데 새누리당 정권은 항상 이 예산을 전액 삭감하자고 한다. 그러면 야당에서 '새누리당은 불효 정당인가' 난리 치고 항의하며 경로당 냉난방비 한 푼도 깎지 말고 전액 반영하자고 싸운다. 이 과정을 어르신께 말씀드리며 다시 물었다. "경로당 냉난방비 드리려고 어제 그렇게 싸웠어요. 싸우지 말까요?" 그러면 씩 웃으시며 "그런 건 제대로 싸워야지." 하신다.

그렇다. 정당은 자기 지지자를 위해 정책을 만들고 잘 싸워 추진해야 한다. 국회는 여당과 야당이 지지자의 이익을 놓고 대신 싸우는 장소다. 소수 재벌의 이익을 위해 싸우는 정당이 있으니 더불어민주당은 서민과 중산층을 위해 잘 싸워야 하지 않을까. 그렇게 잘 싸우는 이가 제대로 된 국회의원 아닐까. 반대를 위한 반대나 싸움을 위한 싸움은 안 되지만 덮어놓고 싸우지 말라는 건 국회 기능과 역할을 제대로 이해하지 못해서 나오는 말이다. 싸워야 할 때 제대로 싸우는 국회의원을 기억하자.

국회의원 수를 줄이자

"국회의원은 다 그놈이 그놈이다."

"국회의원은 하는 일 없이 매일 싸움박질이나 하고 국가 세금이나 축낸다."

"이런 국회의원은 왜 뽑는 거야."

"국회 없앤다고 나라 망하지 않는다."

"국회의원 정수를 1백 명으로 줄이자."

"국회의원 세비를 깎자."

이 말에 많은 국민이 공감한다. '이것이 새정치'라고 주장하는 사람의 세가 정당 안에서도 적지 않다. 지난 총선에서 이런 주장이 국민의 호응을 얻었다. 국회에 대한 불신, 이는 분명 국회의원 스스로 심각하게 봐야 할 문제다.

그러나 대한민국의 국회의원 수는 과연 줄여야 할 정도로 많은가. 한번 다른 나라들과 비교해보자. 인구 몇 명당 국회의원 한 명을 두는지 보면, 우리나라의 국회의원 수는 미국, 일본보다 많고 영국, 프랑스보다 적다. 한국은 인구 163,717명당 1명(300명), 미국은 인구 600,689명당 1명(535명), 일본은 인구 177,014명당 1명(717명), 영국은 인구 44,754명당 1명(1,423명), 프랑스는 인구 71,950명당 1명(925명) 꼴이다. 다른 나라를 살펴봐도 국회의원 정수에 정답은 없다. 나라마다 상황에 맞게 국회의원을 두면 되는 것이다. 나는 우리나라 국회의원 수 3백 명이 많지도 않고 적지도 않다고 생각한다. 국회의원 정수 논쟁보다는 국회의원을 효율적으로 일하게 할 제도적 장치를 어떻게 마련할지를 따져보는 게 더 생산적인 논쟁이다.

그런데 왜 사람들은 국회의원 수를 줄이자, 국회를 없애자는 주장을 할까. 나도 그 주장에 동조하고 싶을 때가 많다. 이런 현실에 속이 상한다. 국회 상임위 활동을 보면 3분의 2쯤은 사라져도 큰 지장이 없을 듯하다. 국정감사 때도 같은 질문이나 반복하기 일쑤고, 아예 준비를 하지 않는 국회의원도 있다. 자기 주장은 없고 정부 주장을 앵무새처럼 따라하는 볼썽사나운 국회의원도 있다. 또한 국민은 야당을 향해서는 왜 힘도 못 쓰고 제대로 싸우지도 못하는가에 대해 실망을 넘어 넌덜머리를 낸다. 야당을 찍어줬지만 '야당 국회의원은 우리 편이 아니다.'라고 생각한다. 국정원 댓글 조작 사건, 세월호 문제, 국정교과서, 백남기 농민 국가폭력 사건 등 정부 여당이 명백하게 잘못한 일에 맞서 제대로 싸우는 국회의원은 눈을 씻고 찾아봐도 겨우 몇 명뿐이다. 시민이 경찰의 무자비한 폭력과 차벽에 막혀 신음할 때 야당 국회의원은 어디서 무엇을 하고 있느냐고 열 받아 한다. 이런 현실을 보며 사람들은 국회의원이 그냥 국회의원 노릇을 즐기고 있다고 생각한다.

사람들은 여야를 떠나 국민 눈높이에 맞는 정치를 하는, 제대로 된 국회의원을 좋아하고 응원한다. 국회의원은 자기의 위치에서 각자 역할만 다하면 된다. 상대 당 잘못만 찾아 따지는 것으로는 부족하다. 여당 국회의원도 정권을 비판할 줄 알아야 하고 야당 지도부가 잘못하면 야당 국회의원이 비판하고 바꿔야 한다. 국민은 이런 상식적인 국회의원을 보고 싶은 것이다. 박근혜 대통령이 말도 안 되는 논리로 내쫓을 때 헌법을 들이대며 '대한민국은 민주공화국이다'고 맞섰던 유승민 의원을 국민들이 지지했던 이유다.

그래서 나는 국회의원 정수 논쟁은 부질없다고 생각한다. 한국 정치에 아무런 도움이 되지 않는 무가치한 논쟁이며, 새정치가 아니라 반反정치고, 반민주주의다. 국회의원 정수를 줄이면 지금도 무소불위에 가까운 행정부를 견제 감시할 수 있는 쥐꼬리만 한 입법부 기능이 질적·양적으로 더 줄어들게 된다. 국회의원 정수 논쟁으로 민주주의의 토대 삼권분립 원칙이 흔들리는 게 더 큰 문제다.

민주주의 선진국에서는 행정부를 충분히 감시하고 견제할 수 있을 만큼 의회 권한이 강하고, 특히 눈에 띄는 점은 감사원이 의회 소속이거나 독립기관으로 의회와 더불어 행정부 감시를 역할을 하고 있다는 사실이다. 삼권분립 원칙을 제대로 세우려면 우리나라도 감사원의 독립이 절실하다. 개헌을 말할 때 권력구조 개편만 이야기한다면 꼼수다. 민주주의를 더욱 발전시켜나갈 지방자치·분권 강화 방안과 삼권분립의 확립 특히, 감사원 독립 문제를 말하지 않는 개헌 주장이 나는 영 미심쩍다. 서울대 조국 교수가 분권형 대통령제를 골자로 한 개헌 논의를 지지한다며 감사원을 국회 산하에 두자고 한 것은 합리적인 제안이다. 나도 조국 교수와 같은 생각이다.

미국, 프랑스, 영국 그리고 한국 _ 한국 행정부 권력은 비대하다

예산 편성권과 심의권 _ 한국처럼 대통령제 중심 국가인 미국을 보자. 미국 국회는 한국 국회보다 권한이 엄청나게 크고 세다. 한국은 국회가 예산 심의권만 가졌다. 미국은 예산 편성권과 심의권까지 의회에 있다. 미국은 예산안을 대통령이 회계연도가 시작하기 적어도 7개월 전에 제출해야 한다. 미국에서는 대통령이 예산안을 제출했다고 해서 의회가 채택할 의무는 없고, 대통령은 의회가 내린 결정이 못마땅해도 수정 제안을 다시 할 수 있을 뿐 의회를 뭉개고 돈을 쓸 수 없다.

그러나 한국 대통령은 국회를 뭉개고 돈을 쓸 수 있다. 정부가 짜온 예산안을 국회 예산결산특별위원회에서 심의해서 수정하는 증액과 감액은 4백조 예산안 중 겨우 5~6조에 불과하다. 국회가 실질적으로 수정하는 범위는 10퍼센트도 되지 않는다. 그것도 여야가 입장이 달라 실제로 야당이 정부 예산에 영향력을 미칠 수 있는 금액은 2~3조, 즉 1퍼센트에도 못 미치는 실정이다.

입법권 _ 한국은 정부도 입법권을 가졌다. 정부에서 직접 제출하는 법안도 있고 정부의 청탁을 받아 여당 국회의원이 제출하는 청부 입법도 많다. 국회에서 통과된 법이라도 마음에 안 들면 대통령이 거부권을 행사할 수 있다. 그뿐만이 아니다. 정부는 국회에서 만든 법에 시행령(대통령령)을 만들어 법을 무력화하기도 한다. 누리과정 예산도 결국 법을 위반한 시행령을 만들어 지방정부에 떠넘기는 수법을 썼다. 그렇지 않아도 누더기인 세월호 특별법조차도 법 정신을 훼손해가며 시행령을 엉망으로 만들었다.

우리나라와 다르게 미국은 의회만 입법권을 가지고 있다. 입법권이 의회 고유 권한이라고 헌법 제1장 입법부편 제1조에 명시되어 있다. 절대 권한을 가진 정부가 대통령이 원하는 법들을 민주적이고 투명한 토론 없이 마구 만들고 집행하는 모습을 평생 보아온 우리 국민에게는 신기한 장면이다.

감사원의 지위 _ 대한민국 행정부는 선진 민주주의 국가와 비교해 매우 특이하게 검찰, 경찰, 감사원, 국세청 등 온갖 힘 있는 조직을 모조리 수하에 거느리고 그 수장을 대통령이 임명한다. 문제는 힘 있는 조직이 대통령에게만 충성하고 국민에게는 불충하는 일이 너무 많다는 사실이다.

대한민국 헌법 제97조

국가의 세입·세출의 결산, 국가 및 법률이 정한 단체의 회계검사와 행정기관 및 공무원의 직무에 관한 감찰을 하기 위하여 대통령 소속하에 감사원을 둔다.

위와 같이 헌법에서 감사원은 대통령 직속 기관으로 규정하고 있다. 생각해보자. 대통령 직속 조직이 과연 중립적이고 독립적일 수 있을까. 감사원이 청와대 비서실의 비위 사실을 제대로 감사한 경우가 있었던가.

미국에서 감사원은 의회 산하기관이다. 미국과 비교하는 이유는 내각제 국가보다 행정부의 권한이 큰 대통령중심제라는 공통점 때문이다. 미국에서는 '감사원은 설립하되 행정부로부터 독립하여 감사원장의 지시와 통제를 받는다.'라고 규정하고 있다. 내각제 국가로 상대적으로 행정부 권한이 적은 영국에서도 감사원은 의회 산하기관이다. '감사원장은 하원 소속으로 국가감사법 제2장에 따른 감사 실시 여부와 관련하여 공공회계위원회의 의견을 참고하여야 한다.'라고 못을 박고 있다. 공공회계의원회는 한국으로 치면 예산결산특별위원회쯤 된다.

프랑스 감사원은 회계 심판 권한을 보유한 법원 형태의 독립기관이다. 헌법 제47-2조 '감사원은 예산 집행의 감독에 있어 의회와 정부를 지원한다.'고 규정하고 있다. 독일 연방감사원은 입법, 행정, 사법 3부 어디에도 속하지 않는 최고 연방 기관으로 완벽한 독립기관이다.

대한민국의 헌법 정신이 무엇이냐 물으면 나는 민주주의와 인권 보호라고 주저 없이 말한다. 민주주의는 나라의 주인이 왕이나 대통령이 아니라 국민이라는 뜻이다. 국민의 손으로 대통령을 뽑기까지 수많은 사람의 희생이 따랐다. 우리가 누리는 민주주의는 거저 주어지지 않았다.

민주주의도 발전 단계가 있다. 형식적 민주주의가 있고 절차적 민주주의가 있다. 그리고 참여 민주주의가 있다. 노무현 정부가 '참여 정부'라는 이름을 붙인 이유는 참여 민주주의를 실현하고 싶었기 때문이다. 여기서 한 걸음 더 나아가면 사회 전 분야에 걸쳐 민주주의가 실현된 사회 민주주의가 있을 것이다. 민주 정부 10년 동안 절차적 민주주의를 넘어 우리나라에도 비로소 참여 민주주의가 정착되나 싶었다. 그러나 이명박-박근혜 정권을 거치면서 절차적 민주주의마저도 대통령 부정선거 시비가 있을 만큼 퇴색해버렸고 행정부의 권한은 비대해졌다. 국회의원 정수를 줄이면 세비 지출은 줄겠지만 국민의 권한을 위임받아 행정부를 감시할 입법부의 힘이 약해지고 따라서 민주국가의 기틀인 삼권분립 원칙이 위협받는 사실도 염두에 두었으면 좋겠다. 다시 한번 말하지만, 국회의원 정수 논쟁은 할 필요가 없다. 어떻게 하면 국회가 제 역할을 다할 수 있을지를 따져볼 일이다.

오죽하면 물갈이

우리나라는 4년마다 총선을 치른다. 물갈이가 곧 개혁 공천이라는 공식도 4년마다 도돌이표다. 총선 때가 되면 공천심사위원장에 외부 영입 인사를 임명하고 대대적인 물갈이를 시도한다. 각 당이 물갈이 폭을 두고 경쟁하고 언론도 물갈이 폭이 크면 마치 잘된 공천인 양 보도를 한다. 15대 국회부터 20대 국회까지 매번 평균 물갈이 비율은 47.6퍼센트이다. 국민은 아마 꼴도 보기 싫은 국회의원이 너무나 많으니 3백 명 전원을 물갈이해버리면 시원하겠다고 생각할지도 모르겠다. 물갈이 요구는 정치권의 자업자득인 면이 크다.

그러나 냉정하게 생각해보자. 물갈이만으로 혐오스러운 정치를 믿을 만한 정치로 바꿀 수 있을까. 물갈이를 한다고 썩은 물이 과연 새 물로 바뀌는가. 물갈이가 정답이라면 왜 4년마다 반복하는가. 문제는 옥석 판별이다. 목욕물 버리다 아이까지 버리는 물갈이는 없어야 한다. 그렇다면 썩은 물을 어떻게 선별할 것인가? 그것은 당헌·당규를 토대로 의정 활동과 지역구 평판을 객관적으로 분석해 거를 수밖에 없다. 기존 국회의원을 거르고 나서, 새로 영입한 인사들 공천은 어떻게 해야 할까? 훌륭한 인재를 영입해도 당내 기반이 약하니 경선을 통과할 수가 없다. 한 가지 안을 제시하자면, 경선 없이 괜찮은 지역구 30퍼센트에 단수 공천이나 전략 공천을 할 수 있겠다.

물갈이를 해도 국민 눈에 흡족하지 않은 이유는 공천 시스템 탓이기도 하다. 이건 오랫동안 풀지 못한 어려운 문제다. 국민 참여 경선 방식으로 국회의원 후보를 선출하고 있지만, 전략 공천이나 단수 공천 지역구 선정 문제를 두고, 또 그 지역에 후보를 공천하면서 당 대표 뜻대로 공천권을 휘두르거나 계파 나눠 먹기식으로 현역 국회의원들끼리 짬짜미 공천을 하기도 한다. 이는 반드시 개선

15~20대 총선 물갈이 비율 비교

(초선의원 수/의석 수)

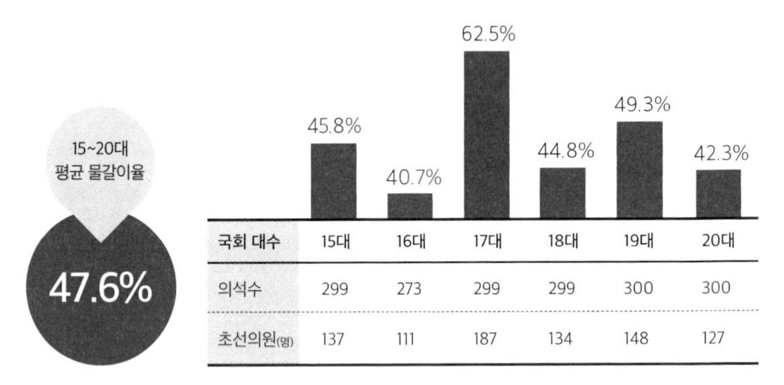

국회 대수	15대	16대	17대	18대	19대	20대
의석수	299	273	299	299	300	300
초선의원(명)	137	111	187	134	148	127

되어야 한다. 당원 의사를 가감 없이 반영하고 더 많은 일반 유권자가 참여할 수 있는 공천 시스템을 만들어야 한다.

시스템 이야기는 여기까지 하고 물갈이가 효용이 있는지 이야기하고자 한다. 물갈이해서 국회의원 50퍼센트가 바뀌었다고 치자. 3백 명 직원 가운데 신입사원이 절반인 회사, 과반수가 초보인 조직이 일을 제대로 해낼 수 있을까? 초선 국회의원은 국회 건물에 화장실이 어딘지도 모른다는 여의도 농담이 있다(초선 국회의원을 폄하하려는 뜻이 절대 아님을 알아주시길). "내일 의총 때 이런 발언해도 괜찮을까요?" 초선 의원한테 이런 전화를 가끔 받는다. 아무리 뛰어난 사람이라도 새로운 환경에 적응할 물리적 시간이 필요하다는 의미다.

4년 동안 국회의원 한 명에게 국회의원 세비, 보좌관 월급, 후원금 등으로 국민 세금이 약 30억 원 들어간다. 이렇게 막대한 국민 세금이 들어갔는데 4년만 써먹고 폐기 처분하기는 솔직히 아깝다. 차라리 폐기 처분하는 것이 더 나은 못난 국회의원은 당연히 갈아치워야겠지만, 언론의 포퓰리즘에 휩쓸려 쓸 만한 재목까지 버리는 건 아닌지 철저히 따져봐야 한다. 물갈이 자체가 최선의 가치가 될 수는 없다.

버릴 때 버리더라도 투자한 만큼은 뽑고 버리자는 의견과 그럴 가능성이 없으니 매번 50퍼센트 이상은 무조건 물갈이 하자, 이 두 가지 중에서 고르라면 국민은 아마 압도적으로 후자를 선택할 것이다. 국민을 이런 딜레마에 빠뜨린 국회가 참 안 됐기도 하고 못됐기도 하다.

해외 출장? 외유?

언론에서는 국회의원의 해외 출장을 밖에서 즐기고 논다는 외유外遊라고 한다. 언론이 비판할 짓을 국회의원이 하긴 했으니 인정할 건 인정하자. 호화판 골프를 치거나, 카지노에 가거나 일정과 상관없는 관광지를 간다거나 하는 일이 과거에 분명히 있었다. 정년 퇴임을 앞둔 국회 사무처 직원이 들려준 이야기는 참 놀랍다. 20여 년 전 국회에 처음 들어와 의원 몇 명과 해외 출장을 갔을 때 일이란다. 기차 이동 중에 좌석을 마주보게 놓고 바둑을 두는데 본인이 무릎을 꿇고 대여섯 시간 동안 바둑판을 두 손으로 받치고 있었다고 한다. 힘들어 하는 국회 직원의 일그러진 얼굴은 이들에게 보이지 않았나 보다.

통역으로 동행한 국회 직원에게 "김양아, 사진 좀 찍어라." 하며 하인 부리듯 하는 국회의원, 정부 측 인사를 만날 때는 졸다가 밤이 되면 눈이 말똥말똥해져 방문국마다 도박장에 들르는 국회의원, 공식 일정인데도 왜 가냐며 혼자 호텔에 있겠다는 국회의원 등 같이 다니다 보면 해외 출장을 왜 왔는지 근본 목적을 잊어버리고 추태를 부리는 국회의원들의 모습을 많이 본다.

이래왔으니 국회의원의 해외 출장을 부정적으로 보는 여론은 한편으로 당연하다. 그래서인지 요즘은 꼭 필요하지 않은 해외 출장은 조심하는 분위기다. 추태 관광은 많이 삼가게 되었고 되도록 내실 있는 일정을 짜려 많이들 노력한다.

우리나라 현안에만 매여 있다가 해외 출장을 나가보면 배울 것이 많아 정책 비전을 세우는 데 큰 도움이 된다. 우리가 오랫동안 풀지 못한 문제를 해결할 아이디어와 노하우를 얻을 수 있으며, 어떤 정책이 실시되고 있는 현장을 직접 방문해 실제 사례를 눈으로 볼 수도 있다. 외국 사례를 응용해서 입법이나 정책 입안에 반영하기도 한다. 그 나라 국민도 만나기 어려운 최고 지도자를 만나 그 나라 역사와 제도상 장점들을 짧은 시간에 흡수할 크나큰 기회를 얻기도 하다.

한국 대사관 방문과 한국 대사가 주최한 대사관저 만찬이 필수 코스인데 대개 그 나라에 한인회장, 한국 기업 대표 등이 와서 한국인으로 바라본 그 나라의 문화를 강의한다. 교민의 애환과 기업인의 민원도 듣는다. 이런 민원은 국회의원이 그 나라 고위층을 만나면 조금이나마 해결이 된다. 국회의원 외교다. 이렇게 대사관의 일을 덜어주기도 한다.

2015년 독일을 방문했을 때, 해당 부처 책임자에게 들었던 복지 정책과 선거제도 그리고 통일 과정은 유익했다. 특히 독일의 국민 안전 대책과 국가 안전 시스템이 인상 깊었다. 세월호 참사를 겪은 뒤라 더욱 사무치게 다가왔다. 독일은 주정부와 연방정부가 각각 재난 대응 매뉴얼을 갖추고 있으나 지휘 체계가 일원화되어 우왕좌왕하는 일이 없다고 한다. 노무현 정부 때 만든 재난 위기관리 매뉴얼이 이명박 정부 때 폐기 처분되지 않았다면 세월호 참사 같은 일이 과연 일어났을까?

2006년 영국 런던에서 엘리자베스 여왕이 일생에 가장 감명 깊은 작품이라고 극찬했다는 우리나라 뮤지컬 〈점프〉를 봤다. 극장에 꽉 들어찬 1천5백여 명 관객이 보내는 기립박수와 함성은 우리 해외 출장팀이 귀국하자마자 한국 문화원 건립을 추진하도록 한 기폭제였다. 한류의 가능성을 온몸으로 느꼈다고나 할까. 2008년 1월 런던

중심가에 한류 유럽 전파와 정착의 발판이 될 한국 문화원이 문을 열었다.

쿠바를 방문하지 않았다면 미국-쿠바 그리고 한국-쿠바의 관계가 급속도로 가까워지리라 예상 못했을 것이다. 쿠바와는 외교 관계가 없어 정부 공식 라인으로 쿠바의 심중을 파악하기는 어려웠는데, 한 발 먼저 간 의원들이 사절단 역할을 했다. 쿠바 현지에서 최고위급 지도자를 만나 쿠바가 관영지를 통해 혈맹인 북한의 핵을 비판했다는 이야기는 전해들었을 때는 참 놀라웠다. 쿠바가 미국과 관계 개선을 추진 중이며 우리나라와도 외교 관계를 맺고 싶어 한다는 사실을 파악했고 그 사실을 외교부에 전달했다.

2015년 가장 행복한 나라로 선정된 노르웨이에서 보낸 며칠은 행복한 나라의 조건을 체험하는 값진 시간이었다. 영국 레가텀연구소Legatum Institute가 발표한 '지구촌 번영지수Global Prosperity Index'에 따르면 노르웨이가 1위고, 스위스, 덴마크, 뉴질랜드, 스웨덴이 그 뒤를 잇는다. 노르웨이는 1인당 국민소득이 8만 달러가 넘는 자타공인 선진국이다. 위도가 높아 백야 현상이 있고, 겨울이 길고 혹독하다. 산악 지대가 많아 도로 등 사회간접자본을 갖추는 데 막대한 예산이 필요했다. 선진국이 되기에 결코 쉽지 않은 조건이었다.

노르웨이는 세계에서 손가락 안에 꼽히는 천연가스 및 석유 매장량을 보유하고 있고, 그 자원을 적절히 개발해 부국이 되었지만 함부로 팔지 않고 후 세대를 위해 꽁꽁 숨기고 있다고 한다. 공산국가가 아니지만 국가가 책임감을 갖고 권한을 적절히 사용하며 경제를 이끌어 가는 것이 인상적이었다.

지구에서 가장 번영한 나라 국민에게도 삶이 만만해 보이지는 않았다. 노벨 평화상의 도시 오슬로 시청사 주변 평범한 식당에서 평범한 식사를 했는데 한화로 10만 원이 나왔다. 깜짝 놀라 왜 이렇게 비싸냐고 물었다. 대답은 의외로 간단했다. 물가가 엄청 비싸니 검소하게 살라는 것이 국가 정책이라고.

복지 시스템도 매우 효율적으로 돌아간다. 수급 대상자가 되려면 무수입 증명서를 받아야 하는데, 발급 절차가 굉장히 복잡하고 까다롭다. 그러나 일단 생활 능력이 없다고 인정받으면 한화로 월 2백만 원씩 지급받는다. 풍족하지는 않지만 행복하게 먹고살 만한 액수다. 복지 예산이 넉넉한 노르웨이가 부럽기도 하면서 우리나라의 한정된 복지 예산을 좀더 효율적으로 쓰려면 어떻게 해야 할지 고민해보게 되는 계기였다.

미국 의회를 방문해서 국가의 예산 통제 시스템과 의원들의 예산 심의 과정을 들었던 것도 유익했다. 한국 위안부 문제 해결에 앞장선 일본계 3세 마이크 혼다 의원을 만났을 때 그는 막 예산안 심의를 마치고 온 상황이었다. 일본의 사과를 요구하는 문서에 오바마 대통령이 서명할 것을 예산안 통과와 연계해 관철시켰다고 했다. 그만큼 미국은 의회 파워가 세다.

루마니아에 갔을 때 일이다. 30대 젊은 장관을 보좌하는 국장들이 은퇴 공무원들이었다. 보좌관의 나이가 70세 정도로 보여 호기심에 그 장관에게 나이 많은 분들의 보좌를 받는 일이 불편하지는 않는지 물었다. 답변은 명쾌했다. 보좌진 중에 장관을 지낸 분도 있다며 은퇴했더라도 국가에 도움이 되는 분이라면 발탁해서 기용한다고 했다. 우리나라에도 장관 했던 사람이 후배 장관 보좌관을 할 수 있는 시대가 올까?

'친노'

정치권 용어는 잘 살펴야 한다. '친노'는 지독한 악성 프레임의 표본인 용어다. 야당 국회의원들 앞에, 또 그 지지자들에게 '친노' 딱지를 붙이는 것이 보수 언론의 일상사가 되어버린 지 오래다.

친노. 그들은 항상 친노를 문제 삼는다. 친노가 나쁜가? 친노는 좋은 것도 나쁜 것도 아니다. 노무현 대통령이 추구한 가치를 좋아하고 지지하면 친노고 그렇지 않으면 아니다. 박근혜 대통령을 좋아하면 친박일 뿐 악은 아니다. 싫어한다고 종북 세력도 아니다. 친노니 친박이니, 모두 지지 성향일 뿐이다. 틀린 것과 다른 것은 다르다.

노무현 대통령이 꿈꿨던 사람 사는 세상, 탈권위주의와 지방자치·분권, 망국적 지역감정 타파, 남북 화해 등은 내가 볼 때 분명 옳다. 그러나 누가 노무현 대통령을 지지하지 않는다고 내가 그를 틀렸다고 할 수 없다. 국가 지도자가 펼친 정책을 놓고 가치판단을 할 수 있을지언정 그 지지자들을 나무랄 수는 없다. 정당과 지도자를 비판하는 것은 자유다. 그러나 자신의 판단에 따라 어느 한쪽을 선택해 지지하는 국민을 비판한다면 자유를 억압하는 일이다. 특히 유독 친노라는 딱지를 붙여 잘못인 양 매도하는 짓이야말로 민주주의를 좀먹는 독이고 악이다. 친노도 국민이고 비노도 국민이고 반노도 국민이다.

그런데 왜 유독 친노에 경기를 일으키며 노발대발할까? 안철수나 박근혜를 지지하는 것은 왜 문제가 안 될까? 새누리당과 보수언론이 친노 프레임에 매달리는 것은 친노가 두려워서라고 본다. 단연 독보적인 친노의 확장성과 폭발력이 무섭고, 친노가 정권과 헤게모니를 잡으면 손해를 보거나 피해를 입으리라 믿는 이들의 집단적 피해의식이 '친노 두들겨패기'로 드러났다 생각한다.

보수 세력은 친노라는 단어에 부정적 이미지를 덧씌우려 거품을 문다. 이들을 보면 조선을 '이씨조선'으로, 명성황후를 '민비'로 굳이 낮잡아 부르는 이들이 떠오른다. 친노 프레임에는 노무현을 아직도 대한민국의 대통령으로 인정하고 싶지 않아 그를 친노 계파 수장쯤으로 전락시키려는 보수 세력의 치밀한 계산이 깔려 있다. 국민이 노무현 대통령에 대해 갖고 있는 그리움을 지워버리려는,

진보·개혁적인 친노 성향 국민을 이간질하려는 고도의 정치 전략이자 당리당략이라 나는 확신한다. 그들은 친노 세력만 꺾으면 보수 세력 장기 집권이 가능하다고 믿기 때문이다.

김대중과 노무현의 정신과 가치는 무엇인가? 민주주의를 여기까지 밀고 온 것도, 평화적 정권 교체 위업도, 남북 화해 정책도 결국 김대중-노무현 정신이 아닌가? 굳이 진보와 개혁의 이름을 붙이지 않더라도 민주주의와 평화, 이 길이 옳지 않은가? 물론 이것은 내가 추구하는 가치다. 내 판단을 어느 누가 반대해도 나는 시비를 걸 생각이 없다. 논쟁은 할지라도.

나는 김대중 지지자이자 노무현 지지자이다. 평화와 인권을 지키고, 민주주의와 지방자치를 꽃 피우고 문화 산업 진흥과 IT 강국을 이끌었던 김대중을 지지한다. 특권과 반칙이 발붙일 수 없는 사회를 꿈꾸고, 개성공단을 열고 동북아 물류중심 국가를 건설하고자 했던 노무현을 지지한다. 대한민국 가치판단의 명시적 기준인 헌법을 봐도 김대중-노무현이 옳다.

따라서 나는 2017년 대통령 선거에서 김대중과 노무현 정신을 이어받아 민주주의가 만개하고 인권이 보장되는 자유롭고 풍요로운, 평화가 정착되어 국가경쟁력이 올라간 대한민국 건설을 위해, 박근혜 정권의 연장을 막고 정권을 교체하는 데 최선의 노력을 다

할 생각이다. 이런 정치 성향을 가졌다고 해서 뭐가 문제인가?

(주의 사항: 이 프레임을 좋아하지도 그에 동의하지도 않지만, 친노와 친박이란 용어를 언론에서 쓰고 있으니 편의상 썼다. 나는 친노도 아니고 비노도 아니다. 언론에서 어떻게 부르든, 나는 역사와 민족 그리고 국민 앞에서 당당하게 일하는 나일 뿐이다.)

계파가 없어져야 정치가 발전한다?

계파 싸움, 공천 싸움, 당직 싸움. 국민 대부분에게 계파는 솎아내야 할 불량 감자이고 한국 정치 발전을 가로막는 악의 축이자 암 덩이다. 국가가 안전한지 위태로운지는 안중에도 없고 끊임없이 권력을 갖기 위해 암투를 벌이는 사익 추구 집단. 계파를 보는 국민들의 시각이다. 계파 하면 바로 조선시대 당파 싸움을 떠올리고 구태 정치의 표본이라고 생각한다. '더 좋은 미래를 위한 국회의원 모임', '민평련', '동교동계', '상도동계', '친노', '비노', '문재인계', '정세균계', '김근태계', '정동영계', '손학규계', '친박', '비박', '진박', '짤박'……. 나열만 하기에도 숨이 찬다.

계파는 정치 이념으로 뭉친 집단이라기보다는 특정 이익을 위한 집단이라고 보는 게 맞을 듯하다. 전직 국회의원으로서 뼈아프지만, 의정 활동은 뒷전이고 공천을 받을 목적으로, 당직을 차지하는 데 유리해서, 권세를 누리고 사익을 챙기려고 뭉친 계파가 있음을 부정하지 않겠다. 더불어민주당에 '민주당 집권을 위한 모임(이하 민집모)'라는 계파가 있었다. 명분은 그럴듯했지만 실제 힘쓴 행동은 문재인 대표 흔들기였다. 겉으로는 다른 이를 가리켜 패권주의라 나무랐지만 사실은 스스로 패권을 휘두르고 자신들의 공천을 보장받으려는 계파로 전락했다고 생각한다. 실제로 민집모 계파 회원 대부분은 탈당해 국민의당으로 가버렸지만 아직 소수는 더불어민주당 안에 남아 있다.

계파는 어떻게 만들어지는가? 이념과 정치 노선을 떠나 힘센 정치인의 우산 아래에 비 피하려 모여드는 경우가 솔직히 많다. 정치 성향이 달라도 같은 유력 정치인을 지지하면 계파를 이룬다. 의리와 정도 끈끈하겠지만 서로 이해관계가 맞아 떨어지는 만큼 계파라는 울타리가 견고하다. 일종의 보험이나 보호막 역할을 기대하고 모였다고 보면 된다. 참여 정부 초기 범 정동영계는 80명에 이른 적도 있다. 그러나 정동영이 대선에서 패배하자 정동영계는 언제 그랬냐는 듯이 모래알처럼 흩어지고 흔적도 남지 않았다.

대선 경선 때나 당 대표 선거 때는 계파가 수면 위로 떠오른다. 어느 후보의 캠프에 들어가느냐로 어떤 국회의원이 그 계파원임을 추정할 수 있다. 왜 추정이라는 말을 썼느냐면 캠프에 합류하는 의원이라고 해서 다 계파원이 아니기 때문이다. 느슨한 의미로는 맞지만 이른바 '이너서클'이라 불리는 핵심 멤버는 따로 있다. 한 캠프에 의원 삼십 명이 참여했다고 해도 그중 열 명 미만, 대선주자나 당 대표 후보와 상시적으로 결합해서 회의하고 전화하는 의원이 진짜 계파원이다. 그러나 이너서클 모임은 했어도 안 했다고 딱 잡아 떼는 비밀주의라 잘 안 보인다.

• 이것이 진짜 폐해다

국회의원이 국회 상임위나 본회의 출석과 계파 보스 정치 행사가 겹치면 어디를 가야 할까? 국민 눈에는 질문도 아니다. 당연히 본회의, 상임위다. 하지만 국회의원은 안다. 공천은 의정 활동 성적순이 아니라 공천 줄 힘이 있는 보스의 '정무적 판단'에 달려 있다는 것을. 그러니 의정 활동보다 공천 줄 사람을 동아줄처럼 붙잡는 데 더 힘을 쓴다. 상대적으로 의정 활동을 소홀히 하게 된다. 이것이 계파의 가장 큰 폐해다.

그다음으로 계파의 폐해는 인사 문제에서 크게 부각된다. 언론에서 보도하듯 전당대회나 대선이 끝나고 한 계파가 모든 자리를 싹쓸이하는 경우는 거의 없다. 오히려 항의하는 계파의 입막음을 하기 위해 '계파 안배', '탕평책'이라는 허울 좋은 이름으로 떡 하나 주듯 무능력자를 중요한 자리에 앉힌다. 저렇게 말 못하고 버벅거리는 국회의원이 어떻게 대변인이 되었지? 궁금한 적이 많았을 것이다. 이런 이유 때문이다.

당직 인선 후 시끄럽지 않아야 하는 게 최우선 과제가 되어버렸고, 당직 인선에서 능력은 고려 요소에 끼지 못했다. 좀 심하게 말하면 항상 계파 안배와 지역 배려와 선수(選數, 당선 횟수) 고려가 전부다. 능력과 관계없이 자기 계파 사람만 중용하는 것도 문제지만 능력이 있어도 반대파에서 비토하는 경우가 허다하다. 언론과 관계가 좋고 언변이 뛰어나면 대변인에 기용하고 당에서 업무 처리 능력이 뛰어나면 사무총장에 앉힐 수 있어야 한다. 그러나 현실은 안타깝게도 그렇지 못하다. 새로 뽑힌 당 대표가 능력을 발휘할 수 있도록 주변에서 도와주면 좋으련만.

정권을 잡고 나서도 같은 문제가 발생한다. 개각이 발표되면 호남 몇 명, 영남 몇 명이고 서울대 몇 명, 고려대 몇 명, 캠프 출신이 몇 명인지 따진다. 이래서야 되겠는가? 정치를 하면서 지역별 안배를 안 할 수는 없겠지만 장관이란 막중한 자리에 앉을 사람의 최우선 판단 기준은 능력과 업무 적합성이어야 하지 않을까. 비논리적인 계파 헤게모니 주장은 이렇게 적재적소에 인재를 기용할 수 없는 폐해를 낳았다. 언론이 부채질을 해대니 국민에게까지 갈등이 확산된다.

내 짧은 생각이지만, 계파는 없앨 수 없고 없어지지 않을 것이다. 왜? '계파 청산'을 내걸고 의원들이 모이면 그것이 곧 '계파 청산을 위한 계파'가 된다. 친한 사람끼리 모임을 안 할 수가 있나? 초등학생이든 국회의원이든 끼리끼리 노는 건 마찬가지고 자연스러운 일이다. 여기에 계파의 위험과 딜레마가 있다. 인간의 욕망이 멈추지 않는 한 계파는 계속 잡초처럼 끈질기게 생겨날 것이다.

• **계파보다 모임**

물론 국회 내에 훌륭한 모임도 있다. 남양유업 갑질 사태를 해결하면서 만든 을지로위원회(위원장: 우원식 의원)는 우리 사회 곳곳에서 각종 갑질에 눈물 흘리는 을을 위해 행동하는 현장과 의원들 모임이다. 을지로위원회는 반짝 생겼다가 사라진 모임과 달리 수년째 더 어려운 국민의 삶을 살피고 챙기는 당 내 모임으로 활발하게 활동하고 있다. 실제로 삶의 현장에서 벌어지는 힘없는 서민의 문제를 해결하는 성과를 냈다.

그밖에도 현안을 해결하기 위한 여러 TF가 당을 초월하여 구성되어 있다. 출신 대학별 모임도 있고, 국회 제도개선 연구 모임, 동물보호 연구 모임도 있고, 65년 뱀띠 모임, 세 번 낙선의원 모임도 있다.

국회의원은 개별독립체이자 독립체산제이지만 '독립'만 고집하면 고립되고 정보 흐름에서 소외될 수 있다. 국회의원의 모임에 나가서 서로 만나다 보면 지역구 관리, 법안 만들기 등의 노하우를 배운다. 또한 여럿이 함께 하면 어려운 일도 쉽게 할 수 있다. 성향이 맞는 의원끼리 활동하고 친해지면 어떤 현안에 대해서 같이 행동할 기회가 많아진다. 성명서에 함께 서명해 정치적 입장을 밝히고, 당

내 현안에 대해 입장을 통일해 내기도 한다.

또한 국회 안에는 순수 연구 단체도 많이 있다. 국회에서는 하루에도 수십 개씩 연구 단체나 각 의원실이 주최하는 정책 토론회가 열리는데, 정책 토론회에 초청되는 발제자나 토론자들은 대한민국의 내로라하는 최고 전문가라 엄청난 지식을 접하고 배울 수 있다. 언론이 주목해주지는 않지만.

정책 연구 모임에서 출발하거나 정치 성향에 따라서 모이다 생기는 계파도 있긴 하지만 정치색 짙고 영향력 있는 계파로 커지는 경우는 실질적으로 드물다.

• 다람쥐 쳇바퀴

계파 문제는 정치권 뉴스 중에서 국민의 삶과 가장 관계가 먼 문제이기도 하고 가까운 문제이기도 하다. 다람쥐 쳇바퀴라고 할 밖에. 우선 왜 국민의 삶과 관계없는 문제인지부터 이야기해보겠다.

대선을 놓고 보면 국민은 계파 문제에 신경 쓰지 않는 게 낫다. 계파 보스가 당권이든 대권이든 잡아야 자기가 관직·당직을 배분받으니 계파원에게는 죽고 사는 문제일 수 있다. 그러나 대선 후보가 비박이 되건 친박이 되건, 친노건 비노건 찻잔 속에서 부는 그들만의 태풍이고 집안싸움이다. 대선은 결과적으로 어느 계파가 아니라 어느 당이 정권을 잡느냐의 문제이기 때문이다.

정권 교체를 열망하는 진보 · 개혁 진영의 지지자들이 있다. 새누리당의 정권 연장을 바라는 지지자들이 있다. 더민주 지지자건 새누리 지지자건 당내 대선 후보 경선에서 유권자는 무엇을 중요하게 볼까. 어느 후보가 나왔을 때 대선에서 승리할 수 있는지, 누가 더 당 정체성에 부합하는지를 본다. 또한 대선 경선 때는 당원뿐만이 아니라 일반 국민의 의사도 중요하게 반영하기 때문에 계파의 영향력은 거의 없다고 봐도 무방하다.

그러니 각 대선 경선 후보 진영에서 계파 세를 과시하는 건 전혀 쓸모없는 일이다. 같은 당 소속이고 공약을 후보 혼자 만드는 것도 아니니 경선 후보 사이에 공약이 크게 차이가 나지도 않는다. 단 여러 정책을 두고 우선순위가 다를 수는 있다.

이제 계파 문제가 어떻게 국민의 삶에 영향을 미치는지 볼 차례다. 부끄러운 얘기지만 계파 싸움 때문에 정당이 제 할 일을 내팽개치는 경우가 분명히 있다.

더불어민주당은 왜 지리멸렬하고 제대로 싸우지도 못하나. 지지자들의 가장 큰 불만이다. 국민은 아파 죽겠다고 생업을 접고 거리로 나서도 야당은 계파 싸움에만 열중했다. 대정부 투쟁에는 모기 소리도 못 낸다. 세월호 문제를 보자. 국민이 몸 사린다고 야당을 나무랐더니 숫자가 모자라다고 울고불고 야단이었다. 그래서 총선 때 국민이 다시 야당을 믿고 여소야대를 만들어줬는데도 여전히 세월호 특별법 개정을 못하고 있다. 뭐 하나 속 시원하게 해결된 문제가 없다.

국민이 원하는 정목모(정권 교체를 위해 목숨을 건 모임), 세끝모(세월호 끝까지 지키기 모임) 같은 계파는 없다. 대형 이슈가 터졌을 때 어떤 계파가 주장을 내걸거나 투쟁하는 장면은 보지 못했다. 세월호 문제에 집단적으로 행동한 계파가 없고 사드에 대한 당의 전략적 모호성을 강력 비판한 계파도 없다. 국정원 대선 부정 개입 사건에 직접 행동하며 나선 계파도 없었다.

국민이 당으로 쳐들어가 항의를 하면 그때서야 움직이는 척하다가 시간이 지나면 또 나 몰라라 한다. 이러니 국민들은 속이 썩고 짱돌 던지고 싶다고 한다.

당신이 국회에 대해 몰랐던 것들

비밀 지하 통로

머리도 식힐겸 가볍게 읽어보시라고 준비했다. 우선 국회에서 보이지 않았던 것, 즉 숨겨져 있거나 비밀스러운 것 몇 가지를 공개해볼까 한다. 첫 번째, 국회에 정말 지하 통로가 있을까? 대답은 "있다"이다. 국회 부지 지하에는 의사당을 중심으로 좌측 의원회관과, 우측 도서관까지를 잇는 460미터 길이의 지하 통로가 뒤집어진 'T'자 형태로 이어져 있다. 그러나 상상처럼 엄청나게 비밀스러운 군사적 통로나 벙커는 아니고 비상 대피장소다. 평상시에는 비가 올 때나 자료나 기록물 등을 옮길 때 자주 이용한다. 일반에 개방되어 있지는 않다.

두 번째, 국회에 남근석이 있다는데 사실일까? 대답은 "그렇다"이다. 2008년 국회는 "국민과 함께하는 민의의 전당"이라는 글귀가 쓰여진 간판석을 국회의사당 후문에 세웠다. 그런데 그 간판석의 모양이 남근석을 닮았다며 "여의도는 조선시대 때 궁녀들의 화장터로 써서 그 한과 음기를 누르기 위해 남근석을 세운 것"이라는 소문이 돌기 시작했다. 결국 세워진 지 1년 만에 발길이 드문 헌정기념관 뒤로 옮겨졌다.

세 번째, 국회 해태상 아래 포도주가 묻혀 있다? 사실이다. 국회에 들어서는 사람들을 처음 맞이하는 것이 바로 국회의사당을 지키고 있는 암수 한 쌍 해태상이다. 1975년 여의도 국회의사당 완공 기념으로 해태제과에서 기증했는데 그 아래 백포도주 72병이 묻혀 있다. 이 포도주는 여의도 국회 완공 백주년인 2075년에 꺼내기로 되어 있다. 하지만 상했거나 마시기에 부적합한 상태일 것이라 이야기하는 와인 전문가들도 있으니 약 50년 뒤를 지켜볼 일이다.

국회의사당 돔에는 로봇 태권 V가?

많은 사람들이 국회의사당의 상징으로 생각하는 연한 녹색 돔은 처음 만들어졌을 때 붉은 색을 띠고 있었다. 동판이 녹슬면서 색이 변한 것이다. 거대하고 육중해서인지 로봇 태권 V가 숨어 있다가 국가 위기에 의사당 돔이 열리고 등장한다는 이야기가 만들어진 것이 아닐까 싶다.

다양한 의견과 주장이 대화와 협치를 통해 하나로 모아져야 한다는 뜻을 담아 원형 돔을 건물 맨 위에 올렸고, 이 거대한 돔을 안으로는 8개, 밖으로는 24개의 기둥이 받치고 있다. 안쪽 8개의 기둥은 전국 8도를, 바깥쪽의 24개 기둥은 24절기를 상징한다. 8도 국민을 24절기 내내 생각하며 국정에 진력하라는 의미다. 언론 카메라가 가장 많이 비추는 곳이 국회의원 전체가 모여 회의하는 본회의장일 텐데 이곳 천장에는 정확히 365개 조명이 달려 있다. 365일 쉬지 않고 일하라는 의미다.

의원회관

국회의사당 좌측에 있는 의원회관은 국회의원에게 배정되는 평상시 업무 공간이다. 의원회관 배정에는 나름의 규칙이자 관례가 있다. 일반적으로 당선 횟수가 높거나 나이가 많은 중진

일수록 전망이 좋은 고층을 선호하고 또 배정받는다. 반면 당선 횟수가 적고 젊을수록 저층을 주는데 선택권이 없다. 만38세에 17대 국회에 입성한 나로서는 선택의 여지가 없었다. 17대 국회 때는 의원회관 306호를, 19대 국회 때는 317호를 배정받았다. 낭만이 없어서인지 전망보다 편의가 우선인 나에게는 여러모로 이동이 편한 낮은 층이 좋았고 임기 끝날 때까지 참 많은 정이 들었다.

의원회관을 점심에 방문하시면 2층에 자리한 큰 식당에 꼭 한 번 들르시길 권유한다. 중식과 석식의 가격은 직원의 경우 3천2백 원, 일반인은 4천5백 원으로 가격에 비해 훌륭하다. 음식이 맛있고 일하시는 분들도 친절해 19대 국회의원 시절 자주 이용했다.

국회도서관과 헌정기념관

국회의사당 우측에 있는 건물은 국회도서관이다. 1987년 준공된 국회도서관의 본래 목적은 국회 입법 활동의 지원이지만 현재 일반 국민에게도 개방되어 있으며 약 460만 점의 자료를 갖추고 있다. 국회도서관에는 각 의원실에서 개최한 토론회나 세미나 자료가 잘 구비되어 있으니 학위 논문이나 보고서 작성에 큰 도움이 될 것이다. 국회도서관은 해마다 도서관을 가장 많이 이용한 우수 의원을 선정하는데 나는 2016년도에 국회도서관 이용

최우수상을 받았다. 수상 기념사진을 SNS에 올리자 많은 사람들이 "겉으로는 책이랑 안 친해 보이는데 생각보다 책을 많이 읽는군요." 라는 반응을 보였다.

국회의사당을 바라보고 오른편에 있는 국회도서관을 지나면 신축 건물인 '의정관'이 보인다. 이곳은 국회의원, 보좌진, 국회사무처 직원 등 국회에서 근무하는 모든 구성원을 교육하고 훈련하는 곳이다. 국회에서 진행되는 모든 회의 일정을 실시간 중계하는 국회방송도 이곳 5, 6층에 있다.

의정관을 지나서 가장 오른쪽 끝에는 헌정기념관이 있다. 헌정기념관은 1998년 국회 개원 50주년 기념사업 가운데 하나로 대한민국 국회의 역사와 활동을 기념하고, 관련 기록물을 전시하려고 세웠다. 2010년부터는 방문자 센터를 마련해 일반인이 편하게 관람할 수 있다. 특히, 이곳을 방문하면 간단한 필기도구나 노트, 때로는 장바구니 같은 기념품도 챙겨주니 지나치지 마시길.

국회의사당과 도서관으로 가는 사이에는 의원동산이 있고 끝자락에 숨겨진 발코니가 나타나는데 이곳에서 바라보는 한강 전망이 끝내준다. 전통 방식으로 지은 한옥 '사랑재'도 있다. 대체로 국회에 방문한 귀빈에게 전통 한옥을 알리고 보여주는 공간으로 쓰이거나 중요한 행사 때 대여하기도 한다. 한옥의 품격을 느낄 수 있다. 다시 왼쪽으로 돌아와 보면 국회의사당과 의원회관 사이에 후생관이 있다. 직원들의 후생 복지를 위해 마련된 공간인데 2층짜리 단출한 건물이지만 다양한 것이 구비되어 있다.

국회의원의 다섯 가지 활동

상임위원회란 무엇인가

국회의원의 활동 중 입법 활동과 예산감시 활동은 상임위원회 안에서 주로 이뤄지기 때문에 우선 상임위원회가 무엇인지 간단히 소개하고자 한다. 관심 있는 국회의원이 할 일을 제대로 하는지, 중요하게 여기는 일이 제대로 되어가고 있는지 알고 싶다면, 또 해결하고 싶은 문제가 있어 맞춤한 국회의원을 찾고 싶다면 상임위 활동 목록이 요긴하다.

국회는 상임위 16개, 상설특별위원회 2개가 있다. 국회운영위원회, 정보위원회, 여성가족위원회, 윤리특별위원회와 예산결산특별위원회는 겸임 상임위다. 예결산특위는 50명의 국회의원이 1년씩 돌아가면서 맡는다. 그밖의 특별위원회는 시기와 사안에 따라 본회의에서 신설과 폐지를 결정한다. 예를 들면 평창동계올림픽 지원을 위한 특별위원회나 인사청문특별위원회가 있다. 국회 상임위원장은 특수 활동비로 월 7백만 원가량을 지원받는다고 하는데 정확한 액수는 모르겠다. 물어봐도 잘 안 가르쳐 준다.

총선이 끝나고 개원 준비 기간 동안 각 당은 신임 원내 대표를 선출한다. 그리고 국회의원은 자신의 전문성이나 지역구 활동에 도움이 되는 상임위를 골라 3순위까지 적어 낸다. 경제학 교수 출신은 기획재정위원회나 산업통상자원위원회, 언론 출신은 미래창조과학방송통신위원회나 교육문화체육관광위원회, 율사 출신들은 법제사법위원회나 안전행정위원회, 예비역 장성은 당연히 국방위원회로 가고 싶어 한다.

교문위와 보건복지위, 국토위 같은 인기 상임위는 지원자가 넘치고 국방위, 외통위는 텅텅 비어서 신임 원내 대표는 양보도 받아 보고 등 떠밀어 보내기도 한다. 일단 상임위 배치가 끝나면 해당 상임위에 대한 전문 지식이 있든 없든 보좌진과 함께 열심히 공부한다. 해당 부처 공무원이 각 의원실을 방문해 브리핑도 한다.

19대 국회 초반에 나는 1순위로 문화방송통신위원회(상임위 이름이 자주 바뀌는데 19대 국회 초반 문방위에서 문화 부문은 교육과 합쳐 교문위로, 방송은 미래창조 · 과학 · 통신과 합쳐 미방위로 개편되었다.)를 지원했다. 보좌진도 여기에 맞게 이미 구성을 마치고 관련 법안도 10여 개나

국회 상임위원회 및 상설특별위원회 소개

상임위원회

국회운영위원회 _ 국회 의사일정을 확정하고 청와대를 피감 기관으로 한다.

법제사법위원회 _ 모든 상임위에서 올라 온 법을 최종 심사하고 본회의에 회부한다.

정무위원회 _ 각종 금융기관, 국무총리실, 보훈처를 관장한다.

기획재정위원회 _ 기획재정부와 한국은행을 관장한다.

미래창조과학방송통신위원회 _ 과학, 통신, 방송 문제를 다룬다.

교육문화체육관광위원회 _ 인기 상임위로 교육부와 문체부를 관장한다.

외교통일위원회 _ 외교부와 통일부, 민주평통, 각종 관변 단체를 관장한다.

국방위원회 _ 국방부 소속 예하 부대를 피감 기관으로 하고 병사 문제를 다룬다.

안전행정위원회 _ 행자부 및 모든 지자체, 국민안전처, 경찰, 중앙선관위를 관장한다.

농림축산식품해양수산위원회 _ 농림축산식품부, 식약청, 해수부를 관장한다.

산업통상자원위원회 _ 산업자원부에 통상 분야가 통합되어 자원 외교 문제도 관장한다.

보건복지위원회 _ 보건복지부가 피감 기관으로 복지 정책, 메르스 사태 등을 관장한다.

환경노동위원회 _ 환경부와 노동부가 피감 기관으로 주로 노동법이 쟁점 사안이다.

국토교통위원회 _ 국토교통부를 피감 기관으로 하고 철도, 항공 등도 관장한다.

정보위원회 _ 국가정보원과 국방부, 기무사, 정보사 등을 관장한다. 비공개 회의를 한다.

여성가족위원회 _ 여성가족부를 피감 기관으로 한다.

상설특별위원회

예산결산특별위원회 _ 1년마다 구성되고 50명의 의원이 활동. 계수조정소위가 알짜.

윤리특별위원회 _ 주로 타당 국회의원 징계안을 처리하는데, 처리된 건수는 0.

미리 마련해놓고 대기 중이었다. 그런데 원내 대표한테 전화가 왔다. "문방위가 아니라 외교통일위원회로……."

보좌진들은 한숨을 푹 내쉬었지만 나는 원내 대표가 원하는 대로 외통위에 가기로 마음먹었다. 외통위 활동도 상당히 보람 있고 유익했다. 외통위에 가는 대신 정보위 간사까지 덤으로 받았는데 어쩌다 보니 국정원 댓글 의혹 사건 등의 진상규명을 위한 국정조사 특별위원회까지 맡게 되어 일복이 터져버렸다.

국회 정보위 간사를 맡은 것은 참 특별한 경험이었다. 비공개 회의가 원칙인 정보위에서 여러 정보를 접했다. 참석하지 않으면 절대 알 수 없는 정보였다. 남북통일 문제 때문에 정치를 시작할 마음을 품었던 내게는 아주 소중한 기회였다. 국정원에 대한 이해도 넓고 깊어졌다.

국정원은 국내 정치와 대선에 개입했고, 사찰하고, 남북 정상회담 대화록을 공개했다. 간첩 잡는다는 구실로 쓸데없는 짓도 많이 하고 국기를 흔드는 나쁜 짓까지 해댔다. 대통령 직속이다 보니 필요 이상으로 힘이 세고 국가가 아닌 대통령에게 충성한다. 대공 수사권을 검찰로 이관하고 조직 체계를 바꾸는 등 국정원을 개혁해 독주를 막아야 할 필요성을 절감했다.

우리에게는 제대로 된 국정원이 필요하다. 첨단 산업 스파이가 판을 치고 여러 나라에 테러 위협이 상존하는 상황에서 국내뿐 아니라 전세계 국경을 넘나드는 우리 국민을 지키고 국제 정세에 민첩하게 대응하려면 국정원이 해외 정보 부문을 중심으로 재편해 경쟁력 있는 국가 정보기관으로 거듭나야 한다. 해야 할 일을 제대로 하도록 국정원을 바로잡을 기회가 온다면 이때 경험이 도움이 될 것이다.

이 정도면 상임위란 무엇인지 짐작하셨으리라 믿는다. 이제 본격적으로 국회의원이 무슨 활동을 하는지 알아보자.

입법 활동

• 법은 어떻게 만들어지나

법안을 발의할 때는 우선 입법 사항을 문서로 만들어 국회사무처 소속 법제실에 보내 검토를 받는다. 참 유능하고 고마운 법제실에서는 이 법안이 헌법에 위배되지는 않는지, 다른 법에 혹시 겹치는 내용이 있는지, 실효성은 어떤지 등 타당성을 조사해 의견을 보내준다. 긍정적 답변이 오면 다른 여러 국회의원실에 법안을 보내 공동 발의를 요청한다. 국회의원 열 명 이상의 서명을 받아야 법안 제출 요건이 채워지는데, 서명을 열 명에게 받든 1백 명에게 받든 숫자가 중요하지는 않고, 열 명이 차면 대부분 곧바로 법안을 제출한다. 그러면 자신은 대표 발의자, 다른 아홉 명은 공동 발의자가 된다.

일반 국민도 법을 만들 수 있는 입법 청원이라는 제도가 있다. 어떤 법이 필요하다고 생각하면 마땅한 국회의원(소개 의원이라 한다.)을 찾아 법안을 만들고, 해당 상임위 청원소위를 거쳐 법안 심사를 통과하고 최종 본회의 표결을 거치면 입법이 완료된다. 관심 있는 분께서는 참여해보셔도 좋겠다. 소개 의원은 얼마든지 있다.

국회의원 스스로 만든 법안이건, 입법 청원이 들어온 법안이건, 다음과 같은 절차를 밟는다. 국회의원실에서 국회 의안과로 법안을 접수한다. 의안과에서는 법안을 해당 상임위로 보내고, 상임위 간사간 합의를 거쳐 상임위에 상정할 법안이 결정되고, 상임위 전체회의를 통해 법안을 상임위 내 법안심사소위원회에 회부한다. 사실상 여기서 법안이 살아남느냐가 결정된다. 여야 여덟 명 정도의 법안심사소위위원들이 상임위 전문위원들의 소견과 정부 측 인사(차관급)의 의견을 반영해 법안을 심사하고 의결한다.

법안소위에서 통과된 법안은 해당 상임위에 다시 상정되고 전체 상임위 의원들에게 법안심사소위원장이 심사 결과를 설명한다. 법안소위에서 여야가 이미 치열하게 다투고 조정한 법안이기 때문에 특별한 사유가 없는 한 상임위에서는 만장일치로 통과된다. 반대나 이의가 있을 경우 표결로 결정하기도 하는데 극히 드문 경우다.

상임위에서 통과된 모든 법안은 법제사법위원회에 회부되어 최종 심사를 받는다. 법사위원장은 모든 법의 사활을 결정하는 방망이를 쥔 매우 중요한 자리다. 그래서 법사위를 '상원'이라는 별명으로 부르기도 한다. 국회법에 따르면 법사위는 법체계와 자구字句 심사만을 하게 되어 있지만 법안 내용까지 손보는 경우가 많아 원성을 사기도 한다.

법사위까지 통과한 법은 5일간의 숙려 기간을 거쳐 본회의에 상정된다. 본회의에 올라온 법을 상임위별로 묶어서 대체로 해당 상임위 여야 간사가 번갈아가면서 제안 설명을 하면 곧바로 찬성, 반대, 기권 버튼을 눌러 표결한다. 국회의원 과반수 출석에 과반수 찬성이면 최종 통과된다. 본회의에 올라온 법안이라도 긴급하게 수정할 조항이 있다면 수정안(국회의원 삼십 명 이상 공동 발의)을 제출하고 수정안부터 표결한다. 수정안이 통과되면 나머지 부분은 원안대로 통과된다.

발의되는 법안은 세 가지 종류가 있다. 우선 제정법이다. 새로운 법이 세상에 나오는 과정은 길고 험난하다. 수많은 법이 있는데 새로 만들어야 할 만큼 가치가 있고 필요한 사안을 찾아내기는 어렵다. 그런 만큼 제정법 발의는 국회의원에게 어렵고도 보람 있는 일이다. 제정법은 전문가를 초청해 공청회를 열어 타당성과 실효성을 검증해야 한다. 여기서 부정적인 의견이 나온다고 해서 법안이 폐기되지는 않지만 법안 통과에는 영향을 미친다.

둘째는 개정법이다. 조항 하나를 고치건, 삭제하건, 글자 하나를 고치건 모두 개정법이다. 개정법 발의도 제정법과 같이 국회의원 열 명 이상의 서명이 있으면 가능하다. 입법 실적을 올리려는 국회의원은 현미경을 들고 자신이 몸담은 상임위뿐 아니라 지금까지 통과된 모든 법을 들여다본다. 직전 국회에서 자동 폐기된 법안을 재발의하는 경우가 많다. '재탕 법안'이라는 꼬리표를 달아 4년 주기로 비판하는 언론도 있지만, 꼭 필요한데 국회 임기가 끝나 통과 못한 법은 재발의해서 통과시켜야 한다. 18대 국회에서 발의됐다가 자동 폐기된 용역 깡패 근절을 위한 경비업법이 19대 국회에서 통과된 것은 좋은 사례다.

여기서 잠깐. 개정법 입법 실적에도 양극화가 있다. 평의원에게는 상임위원장이 거저먹는 것처럼 보인다. 공부하고 연구해서 올린 입법 실적이라면 누가 나무라겠는가. 그러나 한자를 한글로, 또는 옛날 용어를 요즘에 맞게 바꾸거나 형량을 조정(징역 1년을 2년으로)하는 개정법 실적은 대개 상임위원장 차지다. 법 개정이 잦은 국토위, 보건복지위, 안행위 등의 상임위원장 입법 실적을 유심히 살펴보시라.

셋째로 폐지법이다. 있던 법이 필요 없어진 경우에 법안 폐지를 발의한다. 이것도 개정 법안 실적이 된다. 17대 국회에서 국가보안법을 폐지하자는 논의가 있었지만 끝내 폐지하지 못했다. 18대 국회에서는 3·15 부정선거 처벌을 위해 1960년 12월에 만들었던 '부정선거관련자처벌법'이 시효가 다 되어 2008년에 12월에 폐지되었다(이 법으로 3·15 부정선거 당시 내무부 장관 최인규가 처형되었다.).

• **그들끼리 만드는 법? 우리가 함께 만드는 법?**

국회의원은 입법 단서를 어떻게 얻을까. 주로 국회의원의 정책보좌관이 해당 상임위 이슈를 중심으로 입법 사냥에 나선다. 다른 보좌진도 회의에서 입법 의견을 낸다. 19대 국회에서 내가 1호로 제출한 법안이 '해직언론인 복직 및 명예회복 등에 관한 특별법안(해직언론인 복직법)'이다. 이 법안은 이명박 정권 시절 해직된 언론인들을 만나 아이디어를 얻었다.

국회 문턱이 닳도록 찾아오는 수많은 단체의 민원 사항도 모두 입법 단서다. 이들은 각종 통계 수치와 외국 사례까지 가져온다. 이 자료를 참고하면 법안 만드는 수고를 한결 덜 수 있다. 여신전문금융업법 개정안은 카드 수수료 인하가 숙원 사업이었던 대한민국요식업중앙회가 몇 년간 여야 국회의원을 일일이 찾아

다니며 호소해 만들어졌다. 여당은 자신들이 주도해서 카드 수수료를 인하했다고 선전했지만, 사실 이 법안은 야당이 통과를 밀어붙였고 선거가 코앞이라 여당이 어쩔 수 없이 동의했다는 점을 알아두시길.

20대 국회에서는 박주민 의원이 택시나 슈퍼마켓에서 1만 원 이하 소액 결제할 때 가맹점이 내야하는 카드 수수료를 아예 면제하자는 내용의 카드 수수료 인하법 개정안을 발의한 상태다. 소규모 자영업자의 부담을 덜어주는 법안이다.

여론이 집중되는 사회 문제도 입법 단서가 된다. 살인죄 처벌 공소시효를 폐지하는 '태완이법'이 대표적인 사례다. 국민이 관심을 갖지 않았다면 입법이 안 되었을지 모른다. 그 뉴스를 한 번이라도 더 클릭하고, 보고, 듣고, 길거리 서명운동에 참가한 국민 모두가 '태완이법'에 힘을 보탰다. 세월호 특별법도 국민의 요청에 정치권이 떠밀려서 만든 법이다. 다만 세월호 유가족이나 서명운동에 동참한 국민의 눈높이에는 턱없이 못 미치는 법이라 안타까울 따름이다.

예산 파수꾼

입법 활동만큼 예산 감시도 행정부를 견제하는 국회의 주요 기능이다. 앞서 이야기했듯 행정부 권한이 비대한 우리나라에서 국회가 전체 예산 중 관여할 수 있는 비율은 5~6퍼센트에 불과하다. 하지만 국회의 예산 심의는 국민에게 정부가 살림살이를 어떻게 하고 있는지를 공개하는 중요한 계기다.

매년 하반기 정부가 편성한 내년도 예산안이 국회로 넘어오면 먼저 국회 예산정책처에서 전문위원들이 예산안 백서를 만든다. 정부 예산안을 분석하고 비판한 후 대안까지 제시해놓은 자료다. 이것만 꼼꼼히 읽어도 무엇이 문제인지 잘 알 수 있다.

예산 심의가 시작되면 우선 각 상임위마다 있는 예산결산소위원회가 각 부처에서 만들어온 예산안을 심의한다. 정부 부처 기관장이 동의한 예산 수정안을 국회 예산결산특별위원회에 상정한다. 세부적인 예산을 예결산특위에서 재심사 · 재조율하고, 이 과정을 거친 예산안이 본회의에서 표결을 거쳐 통과된다. 이에 따라 다음해 예산이 집행된다.

국가 예산은 곧 국민 세금이니 알뜰살뜰 아껴서 예산안을 잘 짜면 참 좋으련만, 정부는 실효성이나 필요성이 떨어지는 예산안을 들고 올 때가 있다. 이명박 정부 시절 4대강 사업에 쏟아부은 돈이 자그마치 22조 원이다. 무상 보육, 반값 등록금 정책을 추진하고도 남는 액수다.

박근혜 정부가 들어서니 각 부처들이 걸핏하면 '새마을 예산'이라는 이름으로 새마을 선양 사업을 벌이려고 한다. 대통령에게 잘 보이려 편성하는 예산이다. 대통령이 비무장지대DMZ 평화 공원 조성을 말하자 통일부는 곧장 324억 원의 예산안을 내놓고 대통령 예산이니 무조건 통과시켜 달라고 떼를 썼다. 남북 관계가 파탄 났는데 무슨 수로 DMZ에 평화 공원을 조성하는지 이해할 수 없었다. 외통위에 있을 때 이 예산을 막아보려 했지만 결국 통과되었다. '통일 대박' 구호를 외치며 비무장지대에 평화 공원을 조성하겠다고 말한 지 얼마나 됐다고 2015년 8월 비무장지대에서 목함 지뢰 사건이 터졌다. 평화 공원 조성용 324억의 예산이 얼마나 쓸데없는 짓이었던가. 이 예산은 전부 불용 처리되었다. 국회가 예산 감시 역할을 제대로 못한 사례만 들게 되어 전직 국회의원으로서 송구하다. 부끄러운 국회의 속살이다.

국정감사

국정감사, 장관을 비롯해 정부 부처가 1년 내내 긴장하고 신경을 곤두세우는 연례 행사가 바로 국정감사다. 제헌국회 때부터 실시해온 국정감사를 제9대~제12대 국회는 할 수 없었다. 1972년 박정희 대통령의 유신 계엄 선포 때문이었다. 1987년 6월 민주화 항쟁으로 헌법을 개정하면서 16년 만인 1988년 제13대 국회에서 국정감사가 부활해 오늘에 이른다.

상임위마다 관할 부처나 공기관에 대한 국정감사를 하지만 실질적으로 국정감사 대상과 범위에는 제한이 없다. 부정부패가 심하면 감사원 감사 청구도 할 수 있고 검찰에 고발도 한다. 국정감사 때 지적한 사항으로 해당 부처 고위 공무원이 승진을 못하거나 심하면 옷을 벗기도 한다.

• **국정감사로 바꾼 수많은 사례 가운데 5가지**

2014년 교육문화체육관광위원회 국정감사에서 정부 산하기관 그랜드코리아레저의 당시 교육원장 OOO이 SNS를 통해 5·18 민주화운동과 전라도를 비하하고, 세월호 유가족을 향해 충격적인 막말을 쏟아낸 사실이 밝혀졌다. 이 사실을 지적한 박혜자 의원(새정치민주연합)은 해당 교육원장을 파면시킬 것을 요구했고 이에 당시 그랜드코리아레저 사장은 즉각 사과하고 교육원장을 직위 해제했다.

2014년 교육문화체육관광위원회 국정감사에서 감사원이 '국립대 병원이 제약 업체로부터 리베이트로 볼 수 있는 수당 등을 받는 경우가 많다'는 감사 결과를 발표하고 시정 요구한 것이 제대로 지켜지지 않았음을 지적했다. 국회의 지적에 국정감사를 받은 모든 대학병원은 리베이트 근절을 위한 자체 세부 규칙을 즉각 마련해 국회에 보고했다. 감사원이 시정 조치를 내려도 국민들에게 많이 알려지지 않아 대다수 정부 부처나 기관이 미적거리고 뭉개는데 국회 국정감사에서 이를 다시 지적해 정부 기관이 문제를 바로잡도록 한 사례다.

2005년 권오을(한나라당) 의원은 행정자치부 국정감사에서 보좌관의 주민등록등본 위조 과정을 직접 시연하며 정부의 인터넷 민원서류 발급 실태 문제점을 지적했다. 행자부는 이날 인터넷을 통한 민원서류 발급을 전면 중단했고, 전자 정부 추진 사업 전반에 대한 정부 차원의 감사가 시작됐다.

2015년 안행위 국감에서 정청래 의원(새정치연합)은 인감증명서에 특수 인쇄된 도장 부분이 손톱 등으로 긁으면 쉽게 지워져 컴퓨터 스캔을 이용해 같은 곳에 다른 도장을 프린트하면 정부가 발급해준 인감증명서가 쉽게 위 · 변조될 수 있음을 시연을 통해 밝혀냈다. 이에 행자부는 인감증명서 홀로그램 위에 투명 스티커를 부착하도록 전국 자치단체에 즉각 지시하고 이어 조폐공사와 추가 대책을 논의해 홀로그램 디자인을 변경하는 행정 조치를 취했다.

2013년 보건복지위원회 남인순 의원(민주당)은 공익 제보자로부터 보건복지부 서기관의 비리 혐의를 제보받고 국정감사에서 공개·지적했다. 해당 서기관은 민간 재단에 보조 연구원을 채용한 것처럼 위장해 보건복지부 사업비에서 인건비 명목으로 빼낸 돈을 자녀 유학비로 썼고, 다른 사업에서도 대외 협력용 카드를 만들어 수백만 원을 유용한 것이 밝혀졌다. 남인순 의원은 복지부에 해당 서기관을 철저하게 감사하고 사법기관에도 수사할 것을 요구했다. 결국 해당 서기관은 파면되었다.

국회의원 보좌진들은 국정감사를 준비하면서 정부 부처 비위 사실이나 예산 낭비 사례, 잘못된 정책을 찾아 눈에 불을 켠다. 업무 추진비 내역이나 기관장의 신상 등 각종 자료를 확보하려는 국회와 웬만하면 내놓지 않으려는 정부의 줄다리기는 치열하고, 지적하는 국회의원과 해명해야 하는 부처 담당자가 벌이는 싸움은 살벌하다. 아침 10시부터 밤 12시까지 하루 종일 3주 동안 이어지는 국정감사는 정부 부처도 국회의원도 참 힘든 기간이다. 언론이 대서특필한 국정감사 내용은 여야 싸움으로 커지기도 한다. 2013년 국방위 국정감사에서 터져 나온 국방부 사이버 사령부의 대통령 선거 댓글 부대를 동원한 불법 선거운동이 대표적이다.

지역구 활동

국회의원에게 지역구는 어머니의 탯줄 같은 존재다. 지역구를 잃으면 국회의원 자리도 잃는다. 지역구의 성장과 발전을 이끌고 지역 시민들의 어려움을 해결하는 일이 국회의원의 존재 이유 중 하나다.

지역구 활동이 힘들다 보니 지역구를 없애자는 사람도 있다. 지역 일이야 기초 단체장이 있고 기초 의원, 광역 의원이 있으니 국회의원은 국회 일만 보자는 말은 맞는 듯해도 현재로선 실현하기 어렵다. 지방정부 재정 자립도가 열악하기에 중앙정부의 예산으로 해결해야 할 문제들이 너무나 많기 때문이다. 중앙정부 결정과 지역문제 해결 사이에서 지역구 국회의원이 조정과 중재를 맡아야 한다.

지역 유권자들이 꼭 알아야 할 사항이 있다. 해당 지역구 국회의원의 지역구 활동은 내 삶의 질, 더 툭 터놓고 말하면 돈벌이, 재테크와 밀접한 연관이 있는 경우가 많다. 국회의원이 하는 온갖 일이 내게 영향을 미친다.

마포구와 용산구에 걸쳐 있던 1백 년 된 경의선 철길 부지 지하화로 경의선-공항철도 기차가 다니고 지상에는 공원이 생겼다. 원래 계획대로라면 지상 2층(아파트 6층 높이)에 기차가 달린다. 그 소음과 매연 속에서 어떻게 살 것인가. 전선도 지하에 묻는 시대에 머리 위로 시커먼 2층짜리 콘크리트 철도가 공항까지 이어진 모습을 상상해보라. 그 지역 주민뿐만 아니라, 홍대와 동교동, 연남동의 문화를 즐기고 누리는 모든 사람의 삶의 질을 해치는 일이다. 연트럴파크로 각광받는 지금의 경의선 철도부지 공원은 지역 주민이 10년 동안 지역 국회의원과 연대해 싸워서 얻은 값진 성과다. 국회의원과 연대해 싸우면 싸우는 힘은 덜고 얻어 낼 수 있는 성과는 훨씬 커진다.

정당 활동

국회의원은 동시에 정당인이기도 하다. 한국 정치는 정당을 중심으로 이루어진다. 무소속으로 출마해 당선된 국회의원도 언젠가 어느 정당에든 입당하게 된다. 독불장군처럼 혼자 해낼 수 있는 것이 많지 않기 때문이다. 그렇다면 국회의원은 정당이라는 테두리 안에서 무슨 일을 하는가?

우선 정당의 목적이 정권 획득인 만큼 대통령 선거 때 자신이 속한 당의 후보가 승리할 수 있도록 맡은 위치에서 최선을 다해 뛰어야 한다. 이른바 팀 플레이다. 이와 관련해서는 권말 부록에 자세하게 썼으니 참고하시라.

국회의원은 자신이 속한 정당의 장기적 지지율이 견고할 수 있도록 당론이나 정책을 만들어낼 책임이 있다. 정치적 사안을 꿰뚫어 보고 남북 관계 테제 설정과 같은 정책 방향을 제시하는 것도 국회의원의 일이다. 당 내 정책위원회나, 더불어민주당의 경우 을지로위원회과 같은 조직에 참여해 활발하게 활동하기도 한다.

정당 지지율에 따라 정책 방향도 춤을 춘다. 그래서 우왕좌왕할 때 지침으로 삼으라고 당의 강령을 만들어놓았다. 그런데 한반도 평화와 배치背馳되는 사드 배치配置에 대해 당헌에 따른 입장이 아니라 당 대표의 개인적 입장이 당론이 되는 웃지 못할 촌극이 있었다. 반면교사로 삼을 일이다.

국회의원 길들이기

세상에 욕먹고 싶은 사람은 없다. 국회의원도 마찬가지다. 칭찬받고 싶고 욕먹기 싫다. 국회의원은 당선 다음날부터 재선을 꿈꾼다. 모든 신경은 여기에 집중되고 당연히 좋은 평판을 얻기를 원한다. 지역구 국회의원이라면 더욱 지역 주민의 칭찬이나 비판에 민감해진다. 칭찬에 춤추는 코끼리고 비판에 숨죽이는 새가슴이다.

국회의원은 기본적으로 대중 정치인이다. 골방에 처박혀 있고 싶어도 못 그런다. 원하든 원치 않든 지역 주민을 만나야 하고 국민의 소리에 귀 기울여야 하는 직업이다. 지역 유권자들은 이 점을 활용할 수 있다.

그런데 문제는 잘 못 듣는다. 국민 목소리를 직접 듣지 않고 언론이나 주변에서 떠드는 수상쩍은 말에 잘 넘어간다. 국회의원이 황당한 짓을 하는 건 얼마나 많은 사람이 얼마나 간절하게 원하는지 제대로 몰라서일 수 있다. 그렇다면 국회의원에게 자기 목소리를 가감없이 전하려면 어떡해야 할까? 간단하다.

국회의원에게 전화를 걸어 당당하게 말하자. 국회 홈페이지에 가면 국회의원 연락처를 다운로드 받을 수 있다. 자기가 사는 지역구 의원의 핸드폰 번호를 알아두자. 단 몇 명이라도 뜻이 맞는 지역 유권자끼리 재미 삼아 '국회의원 모니터단'을 만드는 것도 방법이다. 굳이 새로 만들지 않아도 기존에 속한 모임에서 시도해봐도 좋다.

국회의원은 지역구에서 지지받고 있다는 것을 증명하기 위해 온갖 노력을 다 한다. 그 점을 공략한다면 소통의 통로는 금방 열릴 것이다. 어떤 방식이 효과적인지 지금부터 알려드리겠다.

욕만 하면 도망가요

국회의원은 항상 욕먹지만 그렇다고 익숙해지지 않는다. 알게 모르게 대중을 두려워하고 사납다고 생각한다. 어디 가서 욕만 먹고 모욕감이 들었다면 아예 피하게 된다. 비판할 때는 해야겠지만, 무조건 욕을 하면 내가 정작 필요할 때 그 국회의원의 도움을 받기가 어렵다. 국회의원도 감정의 동물이라는 점을 이해하고 친절하게 대해주시길. 국회의원이 예뻐서가 아니라 내 문제 해결을 위해서.

지지하는 정당 소속이 아니거나 마음에 들지 않는 국회의원이 있을 것이다. 그러나 좋건 싫건 그는 우리 지역의 대표 일꾼이다. 내가 지지하지 않는 국회의원이어도 일을 잘할 수 있다. 도움을 청할 일이 있다면 하자. 내 경험상 분명히 나를 찍지 않은 지역 주민도 보란 듯이 민원을 한다. 그 점을 알면서도 성심성의껏 민원 해결을 위해 노력한다. 다음번에는 맘을 바꾸겠지 하면서 말이다.

소속 정당 정체성과 상관없이 국회의원이 어떤 일을 잘했다면 감사 표시를 하자. 감사패에 늘 목말라 있으니 하나 받고 나면 다음부터는 대하는 태도가 달라질 것이다. 국회의원에게는 감사패 하나의 가치가 어마어마하기 때문이다. 그러다 보면 자연스럽게 친분이 생기고 그 국회의원이 내가 원하는 방향으로 움직이도록 유도할 수도 있다. 단 혼자서는 어렵고 모임을 통하는 것이 좋다. 그 감사패는 반드시 의정 보고서에 올라와 있을 것이다.

맞서 싸울 때 더불어 지켜주자

"밖에 있을 때는 무조건 국회의원은 매일 놀고먹고 싸움질만 하는 줄 알았는데 이렇게 열심히들 하는지 정말 몰랐어. 그런데 밖에서는 아직도 욕만 하고 있으니 이 갭을 어떡하지?"

평생 시민사회에서 왕성하게 활동하다 비례대표로 4년 의정 활동을 마친 국회의원의 자조 섞인 한탄이다. 그렇다. 국회의원은 개미처럼 무언가 열심히 하고 있다. 밖에서는 잘 보이지 않지만.

당에는 공격수들이 있다. 상대 당이나 정부 권력에 맞서 공격수 노릇을 하다보면 말이 좋아 비판이지 몰매급 비난을 당할 위험에 항상 노출된다. 상대방 당을 공격하고 성과도 냈는데 칭찬은 받기 어렵다. 상대 당에서 퍼붓는 엄청난 공세는 당연하다고 생각하지만 내 정당에서도 냉소가 적지 않다. 심판에게 억울하게 경고를 받을 수도 있다. 그렇게 시달리다 보면 참으로 희한하게도 '나 아니라도 누군가 하겠지. 에라 모르겠어.' 하고 자포자기 심정이 된다. 그렇게 그 국회의원의 활동 반경은 쪼그라든다.

이때 대중의 힘이 필요하다. 핸드폰을 켜고 그 국회의원에게 응원의 문자 메시지를 보내고 SNS에 응원의 댓글을 달아주자. 당신의 응원 한마디가 공격수를 보호한다.

실패했지만 박수를 받은 사례가 있고 완벽하게 실패한 사례가 있다. 2008년 이명박 정권이 출범한 이후 광우병 쇠고기 반대 촛불 시위가 전국을 강타한 데는 민주 정부 10년 동안 성장한 지상파 방송이 기여한 바가 크다. 이에 대한 대책이었는지 이명박 정부는 언론 장악 시나리오를 착착 진행한다. 소위 'MB정권 미디어 악법 날치기 처리'가 그것이다. 그리고 '종일 편파 방송' 종편이 탄생했다.

여당이 이 법을 날치기 통과시키려 할 때 국회 본회의장에서는 처음 보는 광경이 벌어졌다. 80여 명 밖에 되지 않는 야당 국회의원이 등산용 밧줄로 서로 몸을 묶고 한 덩어리가 되어 결사 항전을 했다. 국회선진화법이 없던 때라 다수 여당이 밀어붙이면 막을 수 없다는 것을 뻔히 알면서도 야당 의원들을 저항에 나서도록 만든 힘은 국민의 응원이었다. 국민들의 목소리에 국회의원이 움직였다.

격렬한 저지 투쟁을 앞두고 야당 국회의원들에게 문자 메시지가 쏟아졌다. 하루에 1천5백 통이나 받은 국회의원도 있다고 한다..

"의원님, 절대 물러나면 안 됩니다."

"끝까지 싸워 주세요."

"종편이 탄생하면 정권 교체는 물 건너갑니다."

문자 메시지만으로 야당 국회의원들이 싸운 것은 아니었겠지만, 싸우게 한 원동력이자 물러설 수 없게 한 엄청난 심리적 압박이었다는 고백을 나중에 들었다. 18대 국회가 결기 있는 투쟁으로 처음 박수 받은 장면이었다. 움츠러들고 눈감았던 야당 국회의원에게 제발 유능하고 이기는 정당이 되어달라는 국민의 참뜻이 제대로 전달된 사건이기도 하다. 결국 미디어 악법 저지에는 실패했지만, 설령 이기지 못하더라도 끝까지 최선을 다해 싸우는 진정성을 보여준다면 국민이 지지하고 응원한다는 사실을 확인한 계기였다. 야당이 잘하기를 바라는 국민은 못 이기고 못 지켰다고 비난하지 않는다. 최선을 다했다면 졌어도 박수칠 준비가 되어 있다.

똑같이 실패했어도 세월호 특별법에 대한 야당 지지자의 평가는 극명하게 다르다. 이 차이를 알아차리는 국회의원이 늘고 있다. 국민이 그렇게 만들었다. 들리게 말하고 보이게 행동하는 국민이 많아질수록 국회의원은 이제 기득권보다, 언론보다, 이른바 실세보다, 돈줄보다 국민을 쳐다볼 수밖에 없다. 이기든 지든, 국민과 함께 호흡을 했느냐 안 했느냐가 더 핵심이니까.

유권자의 최고 단위 정치 행위, 팬클럽

국회의원은 매일 매일 자신에 대한 뉴스가 올라왔는지 검색해보고, SNS 댓글을 유심히 본다. 익숙하지 않아 직접 할 줄 모르는 사람도 보기는 열심히 본다. 그러니 좋아하는 국회의원이 있으면 직접 표현하자. 나는 이런 면에서 당신의 활동이 맘에 들었고 앞으로도 쭉 이 방향으로 밀고나가 주시면 좋겠다고. 우연히 길에서라도 만나면 붙잡고 얘기하자. 구체적으로. 국회의원의 페이스북에 진중하게 댓글을 달고 메시지도 보내시라. 반드시 답변을 달진 않더라도 응원 글이나 민원 요청 글 다 읽으니 안심하고 보내시라. 정책에 도움이 되는 글을 보내주면 더 감사하다.

국회의원을 움직이는 최고 단위 정치 행위는 팬클럽이다. 지지자로서 이 국회의원은 좀 키워야겠다는 생각이 들면 적극적으로 팬클럽을 만들어보자. 그렇다면 그 국회의원에게 정말 고마운 VIP가 된다. 3백 명 중에 팬클럽이 있는 국회의원이 몇 명이나 되겠는가. 거의 없다. 물고기가 물을 떠나서 살 수 없듯이 정치인은 대중과 동떨어져 살 수 없다. 대중의 힘은 좋은 국회의원을 키울 수 있고 나쁜 국회의원을 집으로 보낼 수도 있다. 사라지지 않게 그 힘을 꼭 사용하시라.

위협적인 1인 시위

나쁜 국회의원을 진짜 혼내줘야겠으면 온몸으로 표현하자. 가장 쉽고 가성비 좋은 건 1인 시위. 민주 시민의 의사표현 방식이다. 지금도 국회 정문 앞에는 여러 명이 1인 시위로 각자의 주장을 펼친다. 점심시간에 자신을 비판하는 1인 시위를 하는 사람과 맞닥뜨리면 밥 생각이 싹 달아나고 아무도 만나기 싫고 하루 종일 우울하다. 지역구 사무실 앞도 1인 시위 명당이다. 지역 주민이 지나가며 흘깃흘깃 보는 광경을 상상만 해도 등골이 오싹하다.

국회의원이 자신을 상대로 하는 1인 시위를 어떻게 그대로 두겠는가. 해결할 수 있는 문제라면 해결한다. 국회 앞, 지역구 사무실 앞에서 일주일, 열흘씩 시위를 해도 반응이 없다고 헛수고 아닌가, 낙담하지 마시라. 그 국회의원은 지금 떨고 있다. 그는 시위 팻말에 써 있는 문구와 시위자가 외치던 말을 절대 잊지 못한다.

내 지역구 사무실 앞에도 종종 1인 시위자가 있었다. 철길 부지 공원화를 총선 공약으로 내걸고 당선되었는데, 거기에 반대하는 자동차 운전 학원 종사자들이 "지역 공약 지키지 마라!"고 시위를 했다. 어버이연합 등 보수 단체 회원들이 "정청래는 북으로 가라!" 하며 많이 외쳤다. 이런 1인 시위나 집회가 내건 요구는 워낙 생각의 차이가 크고 본질적으로 해결 방법이 없어서 그다지 신경은 안 썼다. 그럼에도 기분이 좋을 리 없다.

직접 행동할 때

내가 컷오프되었을 때 전화, 문자 폭탄, 탈당계 팩스의 위력은 대단했다. 당 지도부는 하루 이틀 그러다 말겠지 했지만 거의 일주일 내내 중앙당과 서울에서 제주까지 17개 시도당의 업무가 마비되었다고 한다. '더컸유세단'을 하며 전국을 누빌 때 일을 못 볼 지경이었다고 경남도당 당직자에게 들었다. 당 사무실이 그런 일을 겪고 국회의원 후보 선거운동 현장에서 지역구 유권자들의 거센 항의를 받자 그제야 심각성을 인정했다.

정당은 보고 싶은 것만 보고 듣고 싶은 것만 듣는 경향이 있다. 자주 민심을 오판한다. 아무런 반응이 없으면 잘하고 있는 줄 착각한다. 한 통의 전화가 세상을 당신이 바라는 방향으로 바꾼다. 전화를 활용하시라.

항의보다 좀 더 적극적인 행동은 당원으로 가입하고 활동하는 것이다. 지역구 국회의원 활동에 관여하고 싶다면 당비를 내는 권리 당원이 되시라. 권리 당원이 되고 대의원이 되면 내 맘에 드는 사람을 후보로 세우는 국회의원 후보 경선 선거인단에도 참여할 수 있고 정당의 얼굴이자 의사봉 주인인 당 대표 선거에서도 한 표를 행사할 수 있다.

원내 대표를 주목하라

조직되지 않은 다수와 소수의 정예 조직이 싸우면 누가 이길까. 조직이 이긴다. 숫자가 아무리 많아도 조직을 이루지 못하면 대체로 결국 진다. 따로 생업이 있으니 언젠가는 싸움을 멈춰야 하기 때문이다. 다수 시민의 뜻을 거스르고 제멋대로 굴러가는 국회를 시민 개인이 매일 감시할 수는 없다. 하지만 방법은 있다. 조직을 이루지 않은 다수 시민이 정예 조직을 굴복시킬 수 있는 방법, 선택과 집중이다. 상시적으로 정치에 관여할 수 없으니 중요한 길목을 지키고 있다가 선택적으로 응집해서 다수의 폭발력을 보여주면 된다.

그 길목은 당 대표와 원내 대표다. FTA 협상도, 세월호 협상도, 예산안 협상도, 테러방지법 협상도, 개원 협상도 모두 당 대표와 원내 대표의 몫이다. 국회 내 협상 칼자루를 실질적으로 쥔 원내 대표가 특히 중요하다. 국회가 어떻게 돌아가는지 알려면 주류 언론에 나오는 뉴스뿐 아니라 원내 대표의 행보에 주목하고 집중해야 한다.

어떤 협상이 끝난 후 비판하고 원망하기에 앞서 원내 대표에게는 응원하고 지지하는 문자 메시지가 필요하다. 잘해왔던, 잘하리라 기대했던 원내 대표가 헛발질을 한다면 그 배후에는 단연 조중동과 지상파의 비판이 있었으리라 장담한다. 그들은 말도 안 되는 논리로 비판하고 선악이 분명한 일도 양비양시론으로 물타기 한다. 원내 대표는 보통 국회의원들보다 기자들을 더 많이 만나고 매일 시달리기 때문에 자칫하면 기자들의 입장이나 평가를 민심으로 착각하기 쉽다.

다수 시민의 응원과 지지가 보이지 않을 때 조중동과 지상파의 공격을 견디기는 불가능에 가깝다. 그러다 보면 언론의 비판에 두 손 들고 끌려 다니는 경향이 많다. 원내 대표에게 응원과 지지로 국민의 참뜻을 보여주시라.

5천 원의 힘

19대 장하나 의원이 2013년 12월 한겨레신문 지면 위에 매직으로 '박근혜 대통령이 사퇴하고 대통령 보궐선거를 실시하자'고 쓴 글을 SNS에 올렸다. 국정원 댓글 의혹 등 '지난 대선은 총체적 부정선거'라고도 했다. '국정원을 동원한 사이버 쿠데타'라고도 했다.

그러자 보수 언론은 대선 불복이라며 대서특필하고 새누리당도 호들갑을 떨었다. 장 의원은 언론의 표적이 되었고 특히 보수 쪽으로부터 며칠 동안 정신없이 두들겨 맞았다(새누리당 김무성 의원의 '노무현이를 대통령으로 인정할 수 없다.'라고 발언한 일을 망각했나 보다. 당시 이회창 후보 지지자들은 대선 불복 법정투쟁까지 했다). 당도 싸늘했다. 그러나

장하나 의원은 주눅들지 않았다. 수많은 국민의 지지를 확인한 덕이었다. 이 일이 벌어지자마자 장하나 의원의 후원 계좌로 후원금이 밀려오기 시작해 며칠 만에 한도액을 넘어 계좌를 닫아야 했다. 장 의원도 깜짝 놀랐다고 한다. 집권 여당과 보수 언론의 무차별 공격에 힘겹게 맞서던 국회의원에게 국민이 용기를 준 것이다.

테러방지법에 맞서는 필리버스터에 참여한 은수미 의원도 후원금과 함께 쏟아진 국민의 지지를 확인하고 감동했다고 한다. 나도 마찬가지다. 필리버스터를 마치고 며칠 후에 후원 계좌 통장에 찍힌 문구를 보며 눈물을 왈칵 쏟았다. 입금자 이름 대신 "고마워요, 정청래", "갓청래", "사이다 의원 감사해요." 옆에 찍힌 천 원, 이천 원, 오천 원……. 십시일반 후원금이 눈물 나게 고마웠고 더욱 이를 악물게 되었다.

국회의원 세비가 얼만데 후원금 타령이냐? 맞다. 후원 계좌의 액수가 의정 활동을 하고 못하고를 결정하지 않는다. 그러나 이건 단순히 돈 얘기가 아니다. "빽"이 있고 없고 문제이자 그 "빽"이 누구냐의 문제다. 소액 후원금을 보내는 시민을 "빽"으로 둔 국회의원이 초심대로, 소신대로, 국민의 뜻대로 움직일 가능성이 훨씬 높다.

정치 후원금은 10만 원까지 연말정산 세액공제로 돌려받을 수 있다. 이 제도는 검은 돈 받지 말고 의정 활동 잘해서 국민에게 소액 후원금을 받으라는 취지로 만들어졌다. 소액 후원금은 모금 문자를 보내는 연말이면 미안한 마음에 숨고 싶은 염치 있는 국회의원에게는 특히 더 큰 힘이 된다. 여러 지지자에게 소액 후원금을 받으면 엉뚱한 데 가서 손을 벌리지 않아도 되기 때문이다. 후원금 1만 원을 받으면 그 국회의원은 그 몇 백 배 이상의 큰 용기를 낼 수 있다. 재벌, 탐욕스러운 기득권, 삿된 기회주의자와 가까이 할 필요가 사라진다. 여러분 맘에 드는 일 잘하는 국회의원이 후원금 걱정 없이 의정 활동 잘한다는 뉴스가 널리널리 퍼지도록 도와주시길 바란다.

3

국회의원 되는 법

장관을 지낸 사람도, 국무총리를 지낸 사람도, 사법부의 꽃이라는 대법관을 지낸 사람도 국회의원에 도전한다. 1960년부터 국회의원 선거에 15번 출마해 14번 실패하고 당선된 사람도 있다. 이 사람은 평생 국회의원에 도전한 셈이다. 정치와 줄이 닿는 사람이 출마를 권하면 뿌리치는 사람은 많지 않다. 당장 비례대표 국회의원 당선 안정권 순번 제의를 받는다면 솔깃할 사람이 많을 것이다. 대한민국에서 가장 비판받는 집단이 국회의원인데 그걸 하고 싶어 하는 사람이 그렇게나 많다니 아이러니다.

무슨 매력이 있기에 그렇게들 국회의원이 되려는 것일까. 아마도 직접 선거로 뽑히는 선출직인데다 그에 걸맞게 주어지는 많은 권한 때문일 테다. 약 20만 명 유권자의 권한을 위임받아야 지역구 국회의원이 된다. 국회의원 한 사람이 20만 명 힘의 집합체라는 얘기다. 이러한 엄청난 힘을 가졌기 때문에 임기를 4년으로 제한했는지도 모르겠다.

위임받은 권한을 바탕으로 국회의원은 법을 만든다. 이후 행정부는 집행하고, 사법부는 집행 결과를 판단한다. 국회의원은 미래의 일을 담당하고,

행정부는 현재의 일을 담당하고, 사법부는 과거의 일을 담당한다고 할 수 있다. 다루는 일을 시간 순으로 구분하면 국회가 제1의 권력, 행정부가 제2의 권력, 사법부는 제3의 권력이다. 국회의원이 어떤 법을 만들어 어떻게 집행하는가, 세금을 어떻게 걷는가, 예산을 어떻게 집행하는가가 대한민국 5천만 명 삶을 결정한다. 국가 전체 시스템을 움직이고 바꾸는 데 직접 참여할 권한이 있으니 기여하는 바도 크다.

그만큼 할 일이 많고 보람도 있다. 되는 과정이 쉽지는 않지만 태어나서 한 번쯤 해볼 만한 일이라 생각한다. 국회의원이 되려는 분들께 이 책이 많은 도움이 되었으면 한다. 그리고 이 책을 읽고 국회의원을 목표로 삼는 분이 더 많아졌으면 좋겠다.

정청래가 국회의원 되시라고 던지는 떡밥

정말 소수 특권층이다

19대 국회 예비후보자 수는 2,205명, 20대 국회 예비후보자 수는 2,119명이었고 당선자 수는 각각 3백 명이다. 출마자 수 대비 당선 가능성은 13~4퍼센트 정도 된다. 서울대 신입생 모집 정원은 3천여 명이니 4년 동안 1만 2천 명을 뽑는다. 연예인 노조원이 1만 5천 명쯤인데 활발하게 활동하는 인원은 10퍼센트 정도라고 한다. 국회의원 수는 대한민국 1급 공무원보다 적고 검사, 판사보다 훨씬 적다.

국회의원은 하고 싶다거나 열심히 한다거나 어떤 능력이 있다고 해서 될 수 없다. 경선을 거쳐 당의 공천을 받아 2주간 공식 선거운동을 하고 당선에 이르기까지 수많은 사람의 눈물과 헌신적인 도움이 없이는 불가능하다. 이런 면에서 국회의원은 특별하게 선택받은 정말 소수 특권 집단이다.

모두 다, 기꺼이 만나준다

국회의원이 누리는 여러 특권이 자주 도마에 오르지만 내가 생각하는 최고의 특권은 누구나 만날 수 있다는 점이다. 법과 동떨어져 사는 사람은 단 한 명도 없지만 특히 이익 단체는 법 한 줄, 한 글자가 어떻게 개정되는가에 따라 이익과 불이익이 첨예하게 갈리기 때문에 국회의원이 만나자면 다들 만나준다. 아는 것 많고, 가진 것 많고, 지킬 것이 많은 만큼 요구할 것도 많은 파워 엘리트 집단도 마찬가지다. 대통령 한 사람을 제외하고는 누구나 만날 수 있다고 해도 과언이 아니다.

자연인 정청래라면 만나기 힘들었을 사람도 국회의원 정청래는 만나주고 기꺼이 이야기를 나눈다. 스포츠 스타, 문화 예술인, 시장 상인, 초등학생, 학교 교사, 의사, 검사, 판사, 여러 분야의 전문가 등등 나이의 많고 적음이나 정치 성향과 상관없이 국회의원 8년 동안 참 많은 사람을 만났다. 초선 시절 문광위 소속 의원으로 알고 싶은 것이 많아 문화 예술 분야 여러 전문가를 만나러 다닌 적이 있다. 다들 반겨주고 의정 활동과 입법에 도움이 되는 유익한 이야기를 들려주었다.

누구나 만날 수 있으니 국회의원의 문제 해결 능력은 그만큼 커진다. 대한민국에서 일어나는 모든 일에 책임이 있는 국회의원이지만 그 문제를 다 안다는 건 물리적으로 불가능하지 않은가. 이럴 때 고수를 만나 지식과 경험을 바로바로 얻을 수 있다는 사실, 국회의원으로서 누리는 최고의 특권이다.

최고 대접 받고 견문이 넓어지고

해외 출장은 보통 4개국 정도를 10박 11일 일정으로 간다. 국가를 대표해서 IPU 총회에 참석하거나 EU 대표단과 회의하러 가면 퍼스트 클래스를 타고, 상임위원들끼리 출장을 가면 비즈니스 클래스를 탄다. 해외 출장은 분명 국회의원에게 특권이고 혜택이다. 다른 무엇보다 방문국에서 고수 중의 고수에게 최고의 정보와 지식을 얻어올 수 있는, 견문이 넓어지는 기회이기 때문이다. 국가의 공식 손님이기에 최고의 예우, 극진한 의전을 받는다. 자연인 정청래가 돈을 아무리 많이 벌고 인기를 아무리 많이 얻어도 할 수 없는 경험이다.

국회의원 신분으로 해외 출장을 다니면 공항과 비행기에서도 특급 대우를 받는다. 자연인 정청래는 공항에 2시간 전에 도착해야 하지만 국회의원 정청래는 20분 전에만 가면 되고, 인천국제공항 입구에 있는 귀빈 주차장과 귀빈실을 쓸 수 있다. 국회 직원과 보좌관 들이 짐을 미리 부쳐주고 수속을 다 해놓고, 출입국관리소에서도 프리패스다. 또 비행기를 맨 나중에 타고 맨 먼저 내린다.

비행기 좌석에 앉으면 수행하는 국회 사무처 직원이 상임위 전문위원 등이 만들어준 방문국에 대한 최고급 정보를 건네준다. 역사부터 현재 정권 지형까지 그 나라에 대한 집약된 정보와 대통령을 비롯한 그밖에 면담자 약력 등을 한눈에 볼 수 있다. 전교 1등 우등생이 만든 필기 노트를 거저 받는 셈이다.

놀라운 스태프

국회의원은 4급 보좌관 2명, 5급 비서관 2명, 6급, 7급, 9급 비서 각각 1명과 2명의 인턴 비서 등 보좌진 9명을 둘 수 있다.

국회의원 보좌관 공개 채용 공고를 내면 요즘은 최고 엘리트들이 지원한다. 1명 뽑는 데 6~70명쯤 지원을 한다. 변호사도 많고 외국 명문 대학 졸업자, 박사 학위 취득자와 같은 고학력자도 많고 다양하고 풍부한 사회 경험을 쌓은 인재들도 많다. 하지만 학벌과 스펙이 좋다고 모두 보좌진 역할을 잘 수행해내는 것은 아니다. 기본적인 성실함과 일에 대한 자부심이 없다면 오래할 수 없는 직업이 바로 보좌관이다. 추가 근무 수당을 챙기고 싶거나 고상하게 앉아서 서류만 검토하는 일을 바라는 사람이라면 절대 보좌관만은 하지 말길 바란다. 국정감사 때면 집에 못 들어가는 날이 부지기수고, 땡볕에 광화문 광장에도 나가야 하니까.

법을 만드는 일이란 완전히 새로운 것을 창조해내야 하는 일이라 결코 쉽지 않다. 법안 뼈대는 국회의원이 만들고 살은 보좌진들이 붙여 완성한다. 국회의원은 아이디어와 방향을 제시하고 보좌진은 그에 맞춰 정책을 만들어낸다. 각종 회의 자료도 챙기고 대정부질의에 필요한 정보도 정부 부처에 요구하고 받아내서 정리해준다.

국회의원은 최고의 스태프가 움직여주니 하루에도 수십 가지의 일을 처리할 수 있다. 보좌진이 자판기 커피 뽑듯이 뽑아내는 자료와 정보의 수준은 놀랍다. 국회의원이 의정 활동을 잘한다면 그 대부분의 공로는 보좌진의 몫이다.

높은 사람을 혼내주는 사람이다

일개 시민 정청래는 대통령이 잘못하면 욕만 할 수 있다. 국회의원 정청래는 대통령 탄핵도 할 수 있다. 검찰이 피의자도 아닌 장관이나 국무총리를 불러서 비판할 수 없다. 그러나 국회의원은 상임위와 본회의장에서, 예결산특위에서, 국정감사 때, 어느 장관이나 기관장에게 따져 묻고 비판할 수 있다. 어떤 문제든 지적할 수 있고 자료 제출을 요구할 수 있다. 언론이 쉽게 접근할 수 없는 자료도 국회의원은 다 볼 수 있기 때문에, 공공의 알 권리를 위한 취재 요청이 오면 언론과 공조하기도 한다.

쉽게 말해 국회의원은 대통령을 포함한 높은 사람을 혼내주는 역할을 한다. 국민이 국회의원에게 위임한 권능이다. 국회의원 직과 개인 신분을 혼동해서는 안 되겠지만 신나는 일임에는 틀림없다.

가문의 영광

국회의원 당선, 그때만큼 짜릿한 순간이 인생에서 또 있을까. 초선 국회의원에 당선되는 순간 핸드폰이 엄청나게 울려댔다. 두세 시간 동안 8백여 개 축하 문자가 들어오는데 아예 읽어볼 엄두도 못 냈다. 연락이 끊겼던 친구들, 향우회, 동창회에서 연락이 오고, 한 번도 안 가본 문중 회의나 모교 행사에 항상 초대받는다.

국회의원에 당선되고 시골 고향에 가니 현수막이 걸리고 동네 잔치가 벌어졌다. 돌아가신 부모님 친구 분들이 볼을 부비고 기뻐하며 눈물을 흘리셨다. 어디 가든 상석을 내주고, 인정해주고 대우해준다. 아직 우리 사회에는 대체로 국회의원을 귀하게 여기는 경향이 있어서 그렇다.

누구든 지위 고하를 떠나 의원님이라고 부른다. 반말하던 사람들이 높임말을 쓰거나 무어라 부를지 난처해하며 말끝을 흐릴 때 참 어색하다. 낙선하고 나면 바로 반말로 바뀌는 사람도 있다. "정 의원님, 정 의원님" 하다가 바로 "어이, 자네 말이야." 하고 훅 들어올 때는 어질어질하다.

응원부대가 반찬과 함께 밀려온다

국회의원이 동네북 신세이긴 하지만, 지역구 지지자에게는 특별한 사랑과 존경을 받는 경우가 많다. 반찬을 만들고 김치를 담가 집으로 찾아오는 지지자도 있다. 산악회에서 등산을 가면 서로 맛있는 것을 먹여주려고 난리가 난다.

지역구에는 모임도 많고 행사도 많다. 축사나 인사말을 해야 하는 자리도 많고 참석해야 할 경조사도 많아 몸이 몇 개라도 모자랄 지경이다. 그러나 막상 가면 손잡고 열성적으로 지지해주는 사람이 많아서 피로가 풀린다. 경조사에 다 찾아가기는 물리적으로 불가능하다. 그래서 근조 깃발과 축하 깃발을 두 개씩 만들어놓고 보내는데 어떤 날은 이마저 부족하다.

앞으로는 김영란법 때문에 이런 장면도 보기 어려워지겠지만, 해외 출장을 가면 와인 선물을 많이 받는다. 나는 와인을 즐기지 않지만 주변에 다시 선물하면 좋아한다. 명절 때는 청와대에서도 선물을 보내준다. 봉황 마크가 새겨진 선물 포장을 뜯을 때면 내용물이 무엇이든 기분이 좋은 건 사실이다.

정청래도 국회의원 자리가 힘겨울 때

국회의원은 비정규직 4년 공익근무 죄인이다

국회의원은 왜 욕을 먹을까? 대한민국 모든 일에 국회의원은 직간접적으로 책임이 있고 해결해야 하는 의무가 있다. 그런데 어느 사회든 해결되는 문제보다 해결 안 되는 일이 더 많다. 그래서 국민들은 무슨 문제가 터지면 대통령 욕을 하고 그다음 국회의원 욕을 한다. 특별히 잘못한 게 없더라도 욕을 먹을 수밖에 없으니 국회의원은 주야장천 욕먹는 죄인이다. 임기가 4년이라 '일복터진 비정규직 4년 공익근무 죄인'이라고 내 마음대로 이름을 붙여 보았다.

국회는 이해와 이해가 충돌하는 갈등 집합소이다. 항상 찬반이 있는 전쟁터다. 어떤 법안 표결에 찬성표를 던지면 반대파에게 욕을 먹고, 반대표를 던지면 찬성파에게 욕먹게 되어 있다. 양쪽에서 최대한 양보와 타협을 이끌어내고 의견을 모으며 입법 활동을 하지만 결국 양쪽을 완벽하게 만족시킬 수는 없다. 그러니 양쪽이 모두 '국회의원들 그놈들 가재는 게 편이다.'라고 싸잡아 비난한다.

유명하고 인기가 많았던 사람도 일단 국회에 오면 여당이냐, 야당이냐, 찬성파냐, 반대파냐, 선택의 기로에 서게 된다. 박수 부대 절반은 자동적으로 떨어져 나간다. 국회의원의 숙명이라 생각하고 받아들이지만 힘겨울 때가 분명히 있다.

사실 국회의원이 해결하는 일도 많고 칭찬받을 일도 하지만 국민들은 잘 알지 못한다. 설령 알아도 '칭찬은 무슨 당연한 걸 가지고.' 하며 넘어가버린다. 국회의원을 하다 보면 욕을 얼마나 많이 먹는지……. 아마 나는 욕 많이 먹는 국회의원 중에 상위권이 아니었을까 싶다.

자녀들에게 미안하다

국회의원도 가족이 있다. 부모가 있고, 배우자나 자식도 있을 수 있다. 국회의원 본인만큼은 아니겠지만 가족도 각별히 주의하고 조심해야 할 일이 많다. 국회의원 부인은 옷을 화려하게 입어도, 수수하게 입어도 입방아에 오른다. 국회의원 본인이야 원해서 하는 일이니 힘들어도 견디지만, 자기 직업 때문에 가족이 겪는 고통을 옆에서 지켜보면 마음이 아프다.

특히 아이들 사춘기 때 많이 미안했다. "아버지, 국회의원 안 하시면 안 돼요?" 아들 셋에게 몇 번씩이나 들었다. "왜 그러냐?"고 물으면 답이 똑같다. "이유 없이 아버지가 욕먹는 것이 싫어요." 선거철이 되면 이런 원망이 더 잦다. 선거 벽보를 지켜보는 또래 친구들이 아버지 이름을 함부로 부르고 이유 없이 쌍욕도 한단다. 아이들의 심정이 오죽할까.

국회의원 자녀는 친구와 싸움을 해도 유독 더 눈에 띈다. 눈에 확 띄는 옷을 입기도 그렇고 선물을 받았더라도 비싼 물건이면 못 쓰는 경우가 많다. 무엇보다 아이들은 사춘기를 그냥 조용히 지내고 싶은데 '국회의원 누구의 아들'로 관심을 받는 것이 제일 싫다고 했다.

부모가 국회의원이 되면 자녀는 갑자기 여러 가지를 잘해야 한다. 그러나 부모가 국회의원 됐다고 해서 갑자기 못하던 공부를 잘하게 될 리도 없고, 평소 쓰던 말투가 갑자기 공손해질 리도 없다. "너희 아빠는 국회의원인데 너는 왜 이 모양이니?"는 소리가 아이들에게 가장 큰 상처가 된다는 것을 알았다. 그래서 해마다 아내는 학교나 학원에 아이 아빠 얘기는 되도록 꺼내지 말아달라고 부탁해야 했다. 국회의원의 자녀로 사는 아이들에게 심심한 위로를 보낸다.

고생길이 훤하다

국회의원을 하려면 무엇이 제일 필요할까. 바로 체력이다. 아침에 출근을 해서 모든 일을 마무리하고 퇴근하는 날이 거의 없다. 하나를 마무리하면 두 개가 밀려오고 미해결 보류 상태인 일도 많다. 매사가 찬반이 갈리니 살얼음판이고, 법적 제도적 장치를 바꾸려면 치워야 할 걸림돌이 산더미다. 조금이라도 시간이 나면 입법 공부를 해야 하고 못 만났던 사람도 만나야 한다.

하루에 일정을 20개씩 소화하는 날이 부지기수이다. 체력과 열정이 없으면 못 버틴다. 국회의원은 놀려고 마음먹으면 언제든지 자유로운 영혼처럼 놀 수 있으나 일을 제대로 하려고 하면 밥 먹고 잠자는 시간 이외에는 쉴 틈이 없다. 오라는 데도 많고 가야 할 곳도 많다. 주말에는 지역 행사가 굉장히 많다. 행사가 끝날 때까지 자리를 지키지는 못하더라도 잠시 얼굴이라도 비춰야 나중에 면이 선다.

열심히 일하는 국회의원의 하루 수면 시간이 4년 내내 5시간 이내라면 믿겠는가. 잠을 자다가도 전화가 오면 급한 일일지 모르니 받아야 한다. 낮이건 밤이건 사건사고가 끊이질 않는다. 갑작스런 폭우가 쏟아져 홍수가 나면 새벽 3시에도 나가서 침수 취약 지역을 살펴야 한다. 지역구에서 벌어지는 모든 일은 국회의원과 다 관계가 있다고 보면 된다. 몇 시간 후에 가면 "이제야 왔냐?"며 핀잔을 듣기 십상이다.

이렇듯 국회의원은 임기 동안 개인 시간을 저당잡히고 무한 책임을 요구받는다. 직접적인 책임이 없더라도 정치적 책임, 도의적 책임에서는 벗어날 수가 없다. 헌신하려는 각오와 열정이 없는 사람이 국회의원을 하면 버티기 힘들 것이다.

그렇게 힘들면 그만두라고요? 그래도 그만둘 국회의원이 없다는 사실이 참 신기하다. 이렇게 힘든 일을 하려고 준비하고 있는 정치 지망생이 많은 점도 신기하다.

지갑을 꺼낼 때마다 선거법 걱정

국회의원에게 가장 두려운 기관을 꼽으라면 단연 선거관리위원회다. 1년 365일 선관위는 국회의원이 선거법에 저촉되는 활동을 하는지 정말 눈을 부라리며 감시한다. 아무리 잘나가는 국회의원이라도 선관위에 적발되면 그것으로 정치 인생 끝이다.

'통상의 관례를 벗어나 조직적, 계획적, 반복적으로 하는 일'은 모두 선거법 위반 행위로 간주된다. 법은 원래 포괄적 가이드라인이기 때문에 모든 상황을 법 조항에 넣을 수가 없다. 선거법에서 말하는 통상의 관례가 뭔지, 어디까지가 조직적이고 어떻게 하는 것이 계획적인지, 몇 회가 반복적인지 명시적인 기준은 없다. 그러니 뭐든 처음부터 선관위에 문의해야 제일 속이 편하다. 의정 활동 보고서 내용도, 지역 주민에게 발송하는 문자 메시지 문구도 모두 문의해야 한다. 축사, 인사말도 실수하면 선관위에 불려간다.

선거법상 의원직 상실형에 해당하는 중대 범죄는 허위 사실 유포, 상대방 비방, 금품·향응 제공이다. 이 세 가지 조항에 걸리면 대부분 의원직을 내놓아야 한다. 허위 사실 유포는 허위 학력이나 허위 경력 게재 등 비교적 기준이 명확하다. 그에 반해 상대방 비방은 경계가 모호하다. 사정이 이러니 상대방 얘기는 무조건 안 하는 것이 상책이다. 내 얘기하기도 바빠 죽겠는데 무엇하러 상대방 얘기까지 하는가.

금품·향응 제공은 언제 해당될까. "선거철도 아닌데 괜찮지? 오늘은 이런 데서 술 한 잔 사시오." 이런 말을 자주 듣는다. 그런다고 술을 덜컥 사면 곧바로 쇠고랑을 차고 의원직이 날아간다. 국회의원은 4년 후 출마 예상자이기 때문에 선거철이든 아니든 4년 내내 사전 선거운동 혐의가 적용된다. 그러니 지역 주민에게 밥을 사면 안 된다. 선관위가 금품·향응 제공이라고 판단하고 고발해버리면 끝이니까. 보좌진 몇 명하고 먹은 밥값만 계산한다. 진짜 조심해야 하니 식당에 가면 항상 뒷골이 당긴다.

국회의원은 4년 내내 어떤 모임이나 약속을 잡을 때부터 내가 돈을 내야 하나 말아야 하나 항상 고민한다. 선거법은 무고죄가 없어서 신고하면 무조건 조사받아야 하고 무혐의 받을 때까지 신경이 곤두선 채로 지내야 한다. 그러니 까마귀 노는 곳에는 아예 발도 붙이지 말아야 한다.

법을 떠나서 꼭 돈을 내고 싶을 자리가 있다. 그러나 이를 악물고 꾹 참아야 한다. 잠시 욕을 먹어도 어쩔 수 없다. 이렇듯 국회의원은 지갑을 꺼낼 때마다 인간적 도리와 실정법 사이에서 근심, 걱정이 많다.

매일 의식해야 하니 불편하지만, 국회의원의 입을 풀어주고 돈을 묶어버린 선거법은 정말 잘된 법이다. 이 법을 계기로 정치에서 부패의 고리를 끊었기 때문이다. 국회의원에게 경조사비를 풀어놨다면 그걸 회수하기 위해 얼마나 검은 돈의 유혹에 시달렸겠는가. 정치 개혁을 이룩한 노무현 대통령께 감사드린다.

어쨌든 웃어야 한다

국회의원은 표를 먹고 살고 연예인은 인기를 먹고 산다. 결국 인기가 없으면 표를 받을 수 없기에 국회의원도 인기를 먹고 산다고 해도 그리 틀리지 않다. 그런 면에서 국회의원과 연예인은 몇 가지 공통점이 있다.

첫째, 국회의원과 연예인은 전날 부부싸움을 했어도 다음날 대중 앞에서 웃어야 한다. 연예인들이 겉으로라도 금슬 좋고 행복한 부부로 보여야 하듯이 국회의원도 슬프거나 기분 나쁜 일이 있어도 대중을 만날 때는 괴로운 본심을 숨기고 웃는 얼굴만 보여야 한다. 부부싸움 했다고 안 나가면 온갖 욕 다 먹는다.

둘째, 국회의원과 연예인은 팬이 있다. 셀카 찍자는 사람도 있고 사인해달라고 하는 사람들도 있다. 정치인에게도 예능 감각이 필요한 시대가 되었다. 요즘처럼 SNS와 팟캐스트가 눈과 귀를 끌어당기는 시대이니 국회의원도 대중에게 즐거움을 선사하는 정치예능인(폴리테이너)으로 진화해야 한다. 대중의 호감과 인기로 정치 생명이 갈린다. 묵직하되 무겁지 않고 경쾌하되 경박하지 않은 인기인이 되어야 한다.

셋째, 국회의원은 의정 활동으로, 연예인은 작품으로 대중의 인정, 지지 그리고 사랑을 받아야 한다. 국민이 의정 활동과 작품을 외면한다면 쓸쓸하게 무대에서 내려가야 한다.

다음은 차이점이다.

첫째, 수입 면에서 연예인 세계는 양극화 현상이 뚜렷해 인기 배우는 몇 십 억의 개런티를 받고 비중 없는 단역 배우는 생계를 잇기도 어렵다. 그러나 국회의원은 의정 활동 1위나 꼴찌나 세비가 똑같다.

둘째, 연예인은 본인의 판단에 따라 작품 활동을 일정 기간 중단할 수 있지만 국회의원은 의정 활동을 중단할 수가 없다. 연중무휴다. 낙선을 해야만 슬픈 휴식기를 가질 수 있다.

셋째, 국민 배우나 국민 가수, 국민 개그맨은 있지만 국민 국회의원은 없다.

얼굴이 많이 알려지고 인기 있는 국회의원에게 의아한 표정으로 '연예인 같다.'라는 표현을 쓴다. 국회의원은 인기가 없는 직업인데 연예인처럼 인기가 있어서 놀랍다는 뜻일까?

지역에서 항상 한낱 학생

국회의원은 지역구에서 한낱 학생이나 다름없다. 저녁 때 호프집에서 거나하게 취한 5~60대 남자들에게 잡히면 항상 정치 교양 교육을 받아야 한다. 싫은 내색을 하거나 주는 술잔을 마다하면 곧바로 큰소리가 나온다. 누구라도 붙잡으면 얘기를 들어야 하고 눈이 마주치면 아는 사람이건 모르는 사람이건 무조건 먼저 인사해야 한다. 상갓집에 가면 먼저 한 바퀴 돌면서 인사를 드리고 자리에 앉아야 한다.

실제 있었던 일이다. 점심 때 경로잔치에 급히 가다가 식당에서 낮술을 하고 계시는 어르신 몇 분에게 잡혔다. 술 한 잔 따라주고 정치 교양 학습 한마디, 두 잔 따라주고 정치사 강의, 세 잔 따라주고 지역 민원이 이어진다. 내가 입을 열라치면 싸가지 없다는 얘기가 바로 나온다. 술잔을 거부하면 곧바로, "우리 같은 노인네들 무시하는 거냐? 국회의원이면 다냐?"는 핀잔을 받는다. 이렇게 예닐곱 잔 걸치다 보니 얼굴이 벌개졌고 옆 식당 경로잔치 축사 시간이 돼서 급히 갔는데, "아니 국회의원이 대낮부터 술 마시고 다니는겨? 참 문제여 문제. 나라꼴이 어떻게 되려는지 원……." 하신다. 이럴 때 국회의원은 어찌 해야 하나.

젊은 초선의원은 저렇게 어린 나이에 국회의원이 되니 눈에 보이는 것이 없다, 싸가지가 없다, 라는 말을 들을 위험이 늘 있다. 아무리 공손해도 건방진 국회의원으로 찍힐 수 있다. 국회의원은 높은 자리니 나이 지긋한 사람이 해야 한다고 생각하는 유권자도 적지 않아, "3~40대 새파란 애들이 뭘 알기에 국회의원을 해?"라는 지적도 심심치 않다. 똑똑한 사람과 겸손한 사람이 있으면 지역 선거에서는 겸손한 사람이 뽑힌다. 선생님들이 많으니 고분고분하고 말 잘 듣는 겸손한 학생이 사랑받는다. 공부를 못하는 학생인데도.

원숭이는 떨어져도 원숭이지만, 국회의원은 떨어지면 사람도 아니다

국회의원을 하다가 떨어지면 충격이 어느 정도일까. 10층 아파트에서 떨어지는 정도일까. 아니면 트럭에 머리를 치는 충격일까. 불의의 일격 같은 낙선은 참으로 감당하기 어렵다. 불면증에 시달리는 사람도 있고 정신과 치료를 받아야 할 만큼 고통을 겪는 사람도 있다.

국회의원 낙선은 곧 추락이다. 원숭이는 나무에서 떨어져도 원숭이지만 국회의원은 선거에서 떨어지면 사람도 아니다. 걸려오는 전화도 피하게 되고 만나야 할 사람도 만나지 않게 된다. 세상의 모든 시선이 싫어지고 어떤 사람은 대인 기피증까지 생겨 몇 달간 집에서 비디오만 빌려다 봤다고 한다. 세상 사는 재미가 없어지고 밥맛도 떨어진다. 갑자기 출근해야 할 직장이 없어졌으니 그 수많은 시간을 어찌 때워야 할지 참 난감하다. 그렇다고 갑자기 다른 직장을 구해서 출근하기도 그렇고 참 막막하다.

전직 국회의원 모임인 헌정회에서 연락이 오는 순간 전직 국회의원이 되었음을 실감한다. 제일 가고 싶지 않은 곳이 여의도 국회인데 국회에서 열리는 모임의 초청장을 받으면 고민이 된다. 배려심 없는 현역 국회의원은 약속 장소를 꼭 자기 국회의원 사무실로 잡는다. 이런 짓은 제발 하지 마시라. 낙선 의원이 거기 가고 싶겠나.

얄궂은 문자 메시지도 낙선 국회의원의 속을 뒤집어 놓는다. '국회의원 OOO 어느 방송 인터뷰 나가니 시청바랍니다.', '국회의원 OOO이 개최하는 정책 토론회에 참석해주시기 바랍니다.' 더 황당한 문자도 온다. '금일 정책 토론회에 참석해주신 분들께 감사드립니다.' 참석하지 않았는데도 감사 문자가 온다.

이렇게 서너 달을 보내다 비로소 정신을 차리고 다음 총선을 위해 지역 주민을 슬슬 만나게 된다. 이때 위로를 받는데 참 어색하고 난감하다. 어려운 이웃을 위로하고 다니던 사람이 막상 위로를 받게 되었으니.

국회의원에 떨어지면 생활도 바뀐다. 당장 발도 묶이고 보좌진이 해주던 소소한 일처리도 스스로 해야 한다. 공항에 가서도 낙선을 실감한다. 현역 시절에는 20분 전에만 도착하면 됐는데 이제는 두세 시간 전에 가서 짐을 부치고 수속을 밟아야 한다. 당연한 일이지만 4년간 몸에 밴 습성을 떨쳐내기에는 상당한 시간이 필요하다.

무거운 6그램

지름 1.6센티미터, 무게 6그램, 가격 3만 5천 원.

국회의원을 흔히 금배지로 부른다. 진짜 금이냐고 많이들 물어보는데 도금이다. 잃어버리면 국회에서 언제든지 다시 살 수 있다. 금배지 뒷면을 보면 일련번호가 있다. 당선 후 1번을 받으려고 새벽부터 줄을 서기도 한다.

금배지를 특권의 상징으로 느끼는 사람도 있지만 내 생각은 좀 다르다. 국회의원이 공적인 영역에 있다는 것을 상기시키는 무거운

짐이자 국민이 채워준 족쇄다. 지역 유권자와 국민이 권한을 위임해 준 징표이다. 금배지를 달고 있으면 몸가짐을 함부로 할 수가 없다.

언제 달고 언제 떼는가? 나는 노래방에 갈 때는 항상 금배지를 뗐다. 왠지 금배지를 달고 있으면 노래가 잘 안 나온다. 해외 출장 때는 내가 대한민국을 대표하기 때문에 반드시 착용했다.

국회 개원 초기에는 국회 직원들이 새로 뽑힌 국회의원들의 얼굴을 익히려고 사진을 갖고 다니며 외운다. 권위주의를 상징한다며 아예 금배지를 달지 않는 의원도 있지만 국회 직원들의 수고를 덜어주기 위해서라도 예의 차원에서 금배지를 달아야 한다고 생각한다.

금배지는 국민에게 위화감을 조성하니 달지 말자고, 특권과 권위주의를 상징하니 아예 없애자고 주장하는 분들도 있다. 그러나 금배지 착용 여부 자체가 위화감 조성과 관계가 있을까. 금배지를 없애서 특권과 권위주의가 없어진다면 열 번이고 1백 번이고 없애야 하지만 과연 그렇게 될까. 특권과 권위주의가 문제면 국회의원 자체가 달라져야지 애꿎은 금배지에게 모든 혐의를 뒤집어씌우는 건 비양심적이지 않을까. 금배지야, 참 고생 많다.

이러면 타고난 국회의원

국회의원에 걸맞은 성격이란 따로 없다. 외향적이건

내성적이건 상관없다. 적극적이건 소극적이건, 대범하건 소심하건, 크게 의미는 없다. 국회의원을 하다 보면 적극적이고 외향적으로 변하게 되니까. 싸움이라고는 모르던 얌전한 사람이 국회의원 몇 년 하다 보면 사나워지기도 하고 싸움에서도 밀리지 않는다. 생존 본능의 위력일까?

국회의원은 자신의 업적을 사람들이 많이 알아줘야 재선될 수 있기 때문에 누구에게나 잘 보이고 인정받고 싶어 한다. 그러나 누가 먼저 알아주겠는가, 본인 스스로 많이 알려야지. 이렇다 보니 자연히 적극적으로 자기를 알리는 데 능숙해지고, 발 벗고 나서는 성격으로 바뀐다.

국회의원은 싫어도 좋은 척하고 좋으면 더 좋은 척해야 한다. 마음에 없는 립서비스도 맛깔나게 잘해야 한다. 사람들 앞에서 기분 나빠도 토라지면 안 되고 쩨쩨하게 굴면 안 된다. 나쁘게 보면 위선적이라고 할 수도 있는데 그렇다기보다는 인내심이 무한히 커진다고 봐야 한다. 하다 보면 다 된다. 여기에 헌신하려는 마음가짐과 열정, 부지런함과 추진력, 그리고 일 욕심과 체력이 뒷받침되면 더욱 좋다.

또 하나의 중요한 덕목이 있다. 이타심이다. 국회의원은 민주주의에 대한 깊은 이해를 바탕으로 역사와 민족을 사랑하는 마음이 없으면 하기 어렵다.

드디어
국회의원 되는 법

다른 직업과 달리 국회의원이 되는 법에 대한 매뉴얼은 없다. 행정부 공무원이 되려면 행정고시에, 사법부 판·검사가 되려면 사법고시에 합격하면 된다. 그러나 입법부 국회의원은 공채 시험으로 뽑지 않는다. 공부를 잘한다고, 돈이 많다고 되는 것도 아니다. 앞뒤 안 가리고 열심히 해도 소용없다. 안내해주는 선배도 없고 막막하다. 이런 막막함이 조금이라도 걷히길 기대하면서 국회의원의 다양한 입성 경로를 이야기하겠다.

이미 반쯤 국회의원인 **보좌관형**

인장덕 목장해人長德 木長害란 말이 있다. 큰 인물 아래에 있으면 덕을 입고 큰 나무 아래에 있으면 해를 입는다는 뜻이다. 국회의원 보좌관을 하면 다른 어떤 경로보다도 빠르게 국회의원이 될 수 있다. 보좌관은 국회의원의 손발뿐만 아니라 때로는 머리가 되어 국회의원을 보좌한다. 보좌관 경력 10년이 넘으면 초선 국회의원보다 업무 역량이 뛰어나다고 봐도 무리가 없다. 국회의원 보좌관 3번(12년) 했다면 국회 상임위를 적게는 3개부터 많게는 6개를 섭렵했다는 뜻이며 국가의 작동 원리를 안다는 뜻이다. 반쯤은 국회의원이 되어 있다.

국회의원은 4급 보좌관 2명을 두는데, 정책 보좌관과 정무 보좌관이라 부른다. 정무 보좌관은 정치 업무 전반을 총괄하고 정치적 선택과 결정에 필요한 조언을 한다. 정책 보좌관은 입법 활동을 총괄한다.

보좌관은 국회의원 권력을 대신 가진 사람이라 급수를 떠나 정부 부처 공무원에게는 갑이다. 특히 국정감사 철에는 직급이 더 위인 정부 부처 차관급 공무원도 아쉬운 소리를 한다. 국회의원이 어떤 질문을 하고 어떤 내용으로 감사를 할지 미리 정보를 빼내 장관에게 보고하는 것이 국회 담당 공무원의 역할이기 때문이다. 그러다보니 1급 고위 공무원도 보좌관에게 함부로 굴지 않는다.

국회에는 보좌관 출신 국회의원이 꽤 많다. 김영삼 대통령도 국회의원 비서로 정치에 입문했다. 보좌하던 국회의원의 지역구에 출마할 수도 있고 자신의 출신 지역으로 가서 출마하기도 한다.

공천 받는 방법이나 경선 룰을 훤히 알고 있고, 입후보 준비와 선거운동도 이미 해봤으니 보좌관들은 선거에 관해서는 선수다. 대체적으로 겸손하다는 평가를 받고 실력 있다고 인정받으면, 또 본인의 의지가 있으면 당선 가능성이 높다.

그렇다면 보좌관이 되는 방법은? 연고를 타고 되는 경우가 많았지만 점점 공개 채용으로 뽑히는 비율이 높아지고 있다. 처음부터 4급 보좌관이 되기는 어려우니 낮은 직급부터 시작해 착실히 승진해야 한다. 대부분 2, 30대에 보좌진에 합류한다. 4급 보좌관 연봉은 8천만 원 정도이고, 직급으로 따지면 고시를 패스한 5급 사무관보다 높은 경찰서장급인데 권한은 더 많다. 인턴 직원은 대학 졸업 직후나 휴학 중에 시작하는 경우도 있다. 인턴은 공개 모집하는 경우가 많으니 뜻있는 젊은이는 항상 국회 채용 공고를 주시하시라.

국회의원이 되고자 하는 꿈이 있다면 국회에서 일해보는 게 어떨까. 근주자적近朱者赤이라고 국회의원과 가까이 하면 국회의원 될 가능성이 아무래도 높아질 것이다.

현역이 가장 경계하는 지방의원형

외교, 안보, 국방 분야를 제외하면 국회의원이 하는 일이나 지방의회 의원이 하는 일이 크게 다르지 않다. 규모나 범위가 다를 뿐이다. 특히 선거운동은 유권자 수만 다르지 거의 똑같다. 기초 의원, 광역 의원 코스를 잘 밟다보면 행운의 여신이 찾아올 수 있다. 기초 단체장은 국회의원 못지않게 지역에서 인지도가 높아 둘이 경선을 한다면 승부를 예측하기 어렵다. 그래서 국회의원은 항상 기초 단체장을 경계한다.

수도권은 대개 국회의원 지역구에 기초 의원(시·구의원) 4명, 광역 의원(시·도의원) 2명이 있다. 국회의원 유권자수를 1로 놓으면 광역 의원 유권자수는 1/2, 기초 의원 유권자수는 1/4이다. 광역 의원에게는 기초 단체장(시장이나 구청장)이 되거나 국회의원이 되는 두 가지 길이 있다. 지방의원이 현역 국회의원을 경선에서 이기기는 굉장히 어렵다. 현역 국회의원은 기존의 모든 조직을 틀어쥐고 있고, 다른 지방의원들의 협력을 받기 때문이다. 그러니 기초 의원은 절대적으로 먼저 튀지 말고 때를 기다려야 한다.

그러나 현역 국회의원이 출마하기 어려운 조건이 되면 그 자리를 꿰차고 들어가는 데는 지방의원이 가장 유리하다. 지방의회 의장은 더 유리한 고지를 차지하고 있다. 20대 국회에서는 전북도의회 의장과 제주도 도의원이 국회의원에 도전해 당선되었다.

지자체장들도 국회의원으로 진출하는 경우가 많다. 일 잘하고 있는 젊은 지자체장들은 국회에 진출할 야망을 갖고 있다고 봐도 무방하다. 국회에는 실제로 시장, 군수 출신 국회의원이 많다.

그렇다면 지방의원은 어떻게 되는가? 기초 의원이 되려면 지방선거 때 공천 받아서 출마해야 한다. 한 지역구에서 기초 의원 두 명을 뽑으므로 공천만 받으면 십중팔구 당선된다. 현역 국회의원에게 많은 도움을 주고 앞으로도 도움이 된다고 생각하면 국회의원이 나서서 공천을 주려 할 것이다. 그래서 지방의원은 그 지역 현역 국회의원의 참모가 공천 받아 당선되는 경우가 많다. 지방의회에 진출하는 데도 공천이라는 장벽은 꽤 높다.

지방의원은 기초나 광역 반드시 여성 1명을 공천해야 한다. 여성의 정계 진출 교두보를 마련하려는 여성계의 노력 끝에 만들어진 의무 조항이다. 그래서 각 당들은 여성 후보가 없을까 봐 걱정하고 열심히 찾는다. 여성 공천 1순위 대상자는 지역위원회 여성위원장이고, 지역에서 뜻있는 시민 활동을 하는 여성들은 상대적으로 공천 받을 확률이 높다. 장하나 의원은 강정 마을 간사를 하다가 여성할당제로 도의원 공천을 받았고, 나중에 청년 비례대표로 국회의원에 당선되었다.

물갈이의 간판선수 시민운동가형

총선 시즌이 되면 당이 새로운 인물로 교체하고 있다는 것을 상징적으로 보여주기 위해 인재로 영입할 시민운동가들을 찾아 나선다. 참여연대, 경실련, 한국여성민우회, 녹색연합 등 여러 시민운동 단체에서 오랫동안 활동한 인사들은 능력과 열정이 있어 정치권에서 매력적으로 본다. 시민운동 활동을 20여 년 정도 했고 이름이 알려졌다면 일단 섭외 대상이다. 당에서 권유하는 경우도 있고 시민운동가 본인 스스로 출마 결심을 하는 경우도 많다.

시민운동가들이 다루는 문제가 바로 사회 현안이며 참여연대 같은 단체는 입법 청원 활동도 많이 하고 있다. 그러다 보니 시민운동가 출신이 입법 활동에 유리한 면이 있고 비교적 의정 활동 성적이 좋다. 대한민국 사회에서 국회가 없어서는 안 되듯이 시민운동도 없어서는 안 된다. 국회의원이 되려고 시민운동을 하는 사람은 없겠지만, 기회가 닿아 시민운동가들이 국회에 진출해 우리 사회에 기여한다면 환영할 일이다.

사실상 정치인 고위 공무원형

행정부 장관이나 기관장 출신도 총선이 가까워지면 인재 영입 우선순위에 오른다. 정부 부처 장관은 행정가라기보다는 사실상 정치인에 가깝다. 행정 부처 직원을 관리 감독하고, 부처 안에서 이해와 갈등을 조정하며, 타 부처와 업무를 공유하거나 협조를 구하는 일과 예산을 편성하고 집행하는 것이 모두 정치 행위다.

국회의원으로서 준비된 후보군이라 할 수 있다. 다른 직종 출신자보다 국회 진출이 수월하다. 보통 국회의원보다 장관을 더 높은 사람으로 여기고 장관을 했다고 하면 국회의원이 될 자격은 충분하다고 생각하기 때문이다. 그만큼 장관을 비롯한 기관장 경력은 유권자를 설득할 수 있는 강력한 무기다.

'경제 정당'에 필요한 **전문 경영인형**

국민은 먹고사는 문제에 관심이 많고 대한민국이 더 잘사는 나라가 되기를 바란다. 유권자 개인 차원에서 봐도 더 나은 삶에 대한 강력한 욕망을 갖고 있다. 누구나 안정적인 직장에서 돈 잘 벌고, 아이들 잘 키우고, 노후가 불안하지 않은 삶을 소망한다.

그래서인지 벤처 신화를 이룩했거나 문화 콘텐츠 산업 등에서 일가를 이룬 기업인도 인재 영입 우선순위다. 이런 인재가 영입되면 '경제 정당'으로 이미지 개선을 할 수 있으리라 생각한다. 이미지가 깨끗하고 스마트한 기업인이라면 더욱 환영받는다.

기업 경영을 잘했으니 나라 살림살이도 잘하겠고, 개인적으로 부자이니 나도 부자 만들어주겠지, 하는 마음이 막연하게 들기도 할 것이다. 그런데 기업 경영을 잘했다고 꼭 정치를 잘하리라는 법도 없고, 경제를 안다고 경제를 살릴 능력이 있는 것은 아니다. 우리는 돈 많은 전문 경영인 출신 정치인을 대통령으로 겪어보지 않았던가.

때 안 묻은 지성인 이미지 **정치 참여 교수형**

대한민국에서 일단 대학교수는 지성인으로 인정받는다. 다른 직업에 비해 과대평가된 면도 있는데, 대학교수라고 하면 많은 사람들이 때가 덜 묻고, 원칙을 지키는 이미지를 떠올린다. 정당이 위기일 때 비상대책위원장, OO특위위원장, OO평가위원장 등 전권을 쥔 기구의 장으로 모시는 경우가 많아졌다. 주요 이슈에 전문가로서 한 발언이 정치권에서 주목받거나 학문적으로 명망이 있어서 영입 제안을 받는 경우가 대부분이다. 정치에 뜻이 있어서 스스로 목소리 내는 교수들도 있는데, 이런 저런 인연으로 정치권에 발을 디디면 대개 국회의원이 되는 데 한 발짝 다가서게 된다.

인지도와 공신력을 장착한 언론인형

언론인 출신 국회의원은 흔히 볼 수 있다. 지명도 있는 매체의 간판 뉴스 프로그램 앵커나 부장급 이상 기자는 마음만 먹으면 국회에 진출할 기회가 많은 편이다. 특히 정치부 기자는 유력 정치인을 만날 기회가 많고 대중에게 '신뢰'를 주는 이미지로 노출되어온 덕에 가능성이 더 높다.

국회의원은 말로 대중과 만나는 직업이니 언론인 출신은 아무래도 기본기가 다져진 상태라 볼 수 있다. 언론인은 영입되자마자 대부분 바로 대변인으로 투입된다. 얼굴이나 목소리가 이미 알려졌기 때문에 대중도 친숙하게 받아들인다.

그러나 언론인 출신 중에는 지나치게 언론 중심적 사고가 몸에 배어 있어 모든 일을 민심의 여론보다는 언론 보도에 맞추는 언론

공학도들이 많아 폐해도 많다. 국민을 쳐다보지 않고 언론만 쳐다보는 건 문제다. 정치를 언론의 입맛에 맞춰 할 수는 없으니까.

50미터 앞에서 먼저 뛰는 **부전자전형**

밥상머리 교육 때문일까. 어려서부터 보고 배운 것이 정치여서 그런지 2세 정치인들이 의외로 많다. 2세 정치인, 특히 국회의원 출신 부모를 두었다면 적어도 정치권 안에서는 금수저를 물고 태어난 사람이다. 대체로 부모의 후광을 업고 정치적 기반을 고스란히 물려받았으니 100미터 달리기로 치면 50미터 앞에서 먼저 뛰는 셈이다. 미국에서도 아버지에 이어 아들이 대통령을 했다. 그 여세를 몰아 남편에 이어 아내도 대통령에 도전하고 있는 형국이니 2세 정치인에 대한 지나친 편견은 금물이다. 2세 정치인도 다 본인하기 나름 아니겠는가. 부모 세대보다 더 좋은 정치를 펼치고 좋은 평가를 받으면 된다.

순도 높은 엘리트? **청와대 경력형**

국회의원 후보가 되려면 우선 당내 경선을 통과해야 한다. 그래야 공천을 받을 수 있고 총선에 나갈 자격이 생긴다. 무주공산 단수 후보가 될 가능성은 거의 없으니 경선은 불가피하다.

그러니 경선도 본 선거와 똑같이 중요하다.

당내 경선에서는 후보자 경력이 중요한 변수다. 여기서 비밀 한 가지, 더불어민주당 당내 경선에서는 '참여 정부 청와대 인사' 경력이 굉장히 유리하다. 더불어민주당 당원과 지지층은 특별히 지지하는 경선 후보가 없는 한 '노무현' 세 글자를 듣고 표를 주는 경우가 많다. 그래서 후보들은 어떻게든 자신의 경력을 노무현 대통령과 연관되도록 포장하려 노력한다.

총선을 흔히 진영 대 진영의 싸움이라고 한다. 야당 지지층에서는 노무현 대통령을 향한 지지가 압도적이고 광범위하다. 특히, 수도권 선거의 경우 김대중-노무현 대통령 지지도와 총선 득표율이 거의 같다. 따라서 총선 본 선거에서도 노무현 참여 정부 경력은 대단히 유리하다.

여당도 마찬가지다. 청와대 근무 경력이 있으면 선거에서 일단 유리한 고지를 점령했다고 보면 된다. 다른 어느 정부 부처보다 청와대 출신이면 유권자들에게 강한 인상을 심어줄 수 있다. 순도 높은 엘리트처럼 보이고, 왠지 모르게 의정 활동 잘할 것처럼 보이는 모양이다. 실제로는 어떨지 모르지겠만.

가지가지로 유리한 **변호사형**

국회의원 하기에 가장 좋은 직업은 단연 변호사다. 억

울하고 어려운 사람을 도와주는 직업이라는 인식에 머리 좋고 공부 잘했다는 긍정적인 이미지가 있다. 자기가 마음에 둔 지역구에 변호사 사무실을 차리면 자연스럽게 합법적으로 사전 선거운동을 할 수 있다. 게다가 설령 떨어지더라도 먹고사는 데 지장이 없는 직업 아닌가.

유권자는 기본적으로 법조계 인사에게 호의적이지만 대법관, 헌법재판관, 법원장, 검사장, 부장판 · 검사 등 법조계 고위직 출신에겐 오히려 불리할 때도 있다. 누구를 잡아들이고 조사하고 벌을 주던 특유의 태도가 몸이 배서 그런지, 다른 경력을 지닌 후보와 똑같이 행동해도 거만하다는 인상을 준다. 겸손해야 하는 선거운동 때 자칫 '뻣뻣하고 고개 숙일 줄 모르는 사람'으로 낙인찍히기 쉽다.

법조인 출신 국회의원은 대개 법사위에 배치되는데, 입법 성적이 뛰어날 것 같지만 법조인 출신이 아닌 의원들이 더 펄펄 나는 경우가 많다. 국회의원은 꼭 법률 전문가여야 할 필요는 없다. 전문적인 법체계, 어떤 법의 위헌 여부나 실효성은 국회 사무처 법제실에서 충분히 검토해주기 때문이다. 법조인 출신이 정치에서 성공한다는 법도 없다.

어쨌든 인지도라는 것이 생긴 종편형

종편 출생의 비밀을 잘 아는 나로서는 종편을 입에

올리기조차 썩 내키지 않는다. 그러나 좋든 싫든 시청하는 국민이 있고 선거에서 일정한 영향력을 행사하고 있기에 당연히 분석해야 한다. '종일 편파 방송'이란 조롱도 있지만 노년 보수층은 물론 중장년층에까지 나름의 영향력을 끼친다. 종편 출범 초기에는 시청률이 1퍼센트도 못 넘었지만 이제는 어느 정도 자리를 잡았다. 20대 총선에서 SNS-팟캐스트가 종편을 이겼다는 평도 있지만 종편은 지속적으로 감시해야 한다.

실제 총선 결과는 좋지 않았지만 새누리당은 신진 영입 인사를 종편 패널로 채우기도 했다. 야당에서도 종편 패널 출신 몇이 국회에 진출했다. 종편 패널이 전부 수준 이하의 논객은 아니다. 가물에 콩 나듯이긴 하지만, 균형 잡힌 시각을 가진 패널도 간간이 눈에 띈다. 그러나 종편의 편집 의도와 방향이 주로 보수층 흡수 전략이고, 왜곡 편파성을 깔고 있다. 종편에 단골로 출연하다 보면 점점 보수 편향성에 물들게 된다.

종편에 기를 쓰고 나가서 한자리 잡은 사람들이 많다. 얼굴 알리기와 출연료 챙기기가 목적일 것이다. 어떤 식으로든 대중에게 노출되면 그 중요하고 귀한 인지도라는 것이 생기고, 특정 정당이 정말 떠들고 싶지만 차마 제 입으로 하기 어려운 말을 열심히 대신 떠들어주면 영입도 되고 공천도 받는다. 어쨌든 국회로 가겠다고 마음먹었다면 이름을 알릴 수 있는 종편도 하나의 방편임에는 틀림

없다. 단 영혼까지는 팔지 말자.

할당도 있는 **당직자형**

보좌관 못지않게 당직자도 국회에 입성하기에 상당히 유리하다. 당직자 가운데 총선 때 당선 안정권 비례대표로 남자 1명, 여자 1명이 할당되어 있다. 당직자들끼리 선거를 통해 2, 3배수를 추리면 비례대표 공천심사위원회에서 남녀 각 1명씩 배정한다. 19대 국회에서 진성준 의원, 김현 의원이 이 케이스다.

당직자 출신은 지역위원장에 도전해 지역구 후보로 공천을 받는 데도 유리하다. 당의 체계와 생리를 잘 알기 때문이다. 유력 정치인과 가까워질 기회도 많아서 물심양면으로 도움 받을 수 있다.

맨땅 헤딩 **정청래형**

모두 국회의원이 될 수는 없지만 누구나 도전할 수는 있다. 앞에 나온 국회의원의 진출 경로를 읽고 무슨 생각을 하셨는가.

'아, 나는 안 되겠다. 저런 화려한 경력도 없고 학력도 없다. 잘나가는 유명인도 아니고……. 나는 포기해야겠다.'라고 생각했는가? 제 의도를 정확히 반대로 읽으셨다.

모든 사람이 국회의원을 해야 하는 것도 아니고 할 수도 없다. 또 국회의원이 되는 것이 최고로 가치 있는 삶도 아니다. 그러나 국회의원을 꼭 한번 해봐야겠다면 지레 겁먹고 뒤꽁무니를 빼지는 말자. 사적 욕망을 공적 가치와 일치시킬 수 있는 의지와 의향이 있는 사람이라면 국회의원을 하시라. 국민의 삶을 변화시키는 일을 하면서 자부심을 느끼고 싶다면 국회의원은 좋은 직업이다.

이 점은 기억하자. 국회의원을 해서 돈도 많이 벌고 폼 나게 권력도 휘두르는 시대는 지나갔다. 사생활도 없고 좀처럼 시간을 내기 어려워 가족과 단란한 여행을 떠나기도 어려운 직업이다.

국회를 견학하고 돌아간 마포 한 초등학교 5학년 어린이의 이야기다. 길거리에서 우연히 그 어린이와 어머니를 만났다. "의원님, 우리 아이가 달라졌어요. 국회에 갔다 오고 나서 자기도 국회의원을 해야겠다고 공부를 열심히 하겠대요. 왜 그러냐고 물었더니 인권 변호사를 하고 국회의원을 해서 나라를 구해야겠다네요." 이 어린이가 국회의원이 될지 안 될지는 모르지만 인생 목표가 생겼으니 좋은 일이다. 또 실제로 공부를 열심히 한다면 국회의원이 되지 않더라도 인생에 보탬이 될 것이다. 목적을 가지고 인생을 살아가는 게 중요하다는 의미로 드리는 말씀이다.

기회는 준비한 사람의 몫이다. 준비한 사람만이 기회를 알아보고 도전할 용기도 낸다. 준비가 되어 있지 않은 사람은 기회가 와도 그것이 기회인지 모른다. 그럼 국회의원이 되려면 어떤 준비를 해야 하는가.

첫째, 인생계획서를 한번 써보라고 권하고 싶다. 10년 목표는 무엇이고, 그 목표를 위해 나는 지금 당장 무엇을 하고, 5년 후에는 무엇을 할까. 목표를 달성하고 나서 10년 후에는 또 무엇을 할지도 써보시라.

나는 서른 즈음에 10년 인생계획서를 썼다. 10년 후 목표가 국회의원이었고 그 목표를 이루기 위해 북한통일정책학과 대학원에 진학했고 2년간 아침에 영어회화 공부도 했다. 정치 현실과 흐름을 파악하기 위해 신문, 주간지, 월간지 16종을 정기구독 했다. 이런 노력이 지식과 경험으로 바뀌고 유형, 무형으로 내 의정 활동에 바탕이 되었다고 말할 수 있겠다.

나는 늘 돈의 노예가 되지 않게 되기를, 돈 말고 사람의 마음을 얻는 일을 하게 되기를, 내가 번 재화가 나의 것이 아니라 나눔과 배품의 수단이 되기를 기도했다. 그리고 실천했다. 가치 중심적으로 살겠다는 나름의 노력이었다.

둘째, 자신의 주특기를 개발해야 한다. 대한민국 사회에서 어떤 가치를 가장 중요하게 여겨야 하는지 나름대로 기준을 정해보라는 뜻이다. 분단 극복인지, 비정규직 문제 해결인지, 복지국가 건설인지, 문화 예술 강국인지, 교육 문제 개선인지, 환경문제 해결인지, 지방자치 강화인지, 언론 개혁을 비롯한 제반 사회 개혁인지, 큰 틀에서 내가 추구하는 가치가 무엇인지 돌아보고, 그 문제를 해결하려면 무엇을 할지 정해야 한다. 내가 무엇을 잘하는지, 내 능력을 키우기 위해 무엇을 공부하고 어떤 경험을 쌓을지 정하시라. 나는 분단 극복과 조국 통일의 가치를 주특기로 삼고 지금까지 20년 넘게 공부하고 있다.

셋째, 인생의 멘토를 만나라. 국회의원을 하고 싶으면 정치인 멘토를 만나라. 인생 목표가 무엇이든 등불이자 길잡이가 되어줄 좋은 멘토가 내 삶을 한 단계 업그레이드 시킨다. 삶에 대해 진지하게 이야기 나눌 선후배가 주변에 있다면 자주 만나서 대화를 하시라. 대화 속에 진리와 빛이 있을지어다.

몇 가지 어줍지 않은 조언을 했다. 도움이 되기를 바란다. 끝으로 꼭 하고 싶은 말이 있다.

"까짓 것 인생 뭐 있어? 한 번 왔다 가는 인생 폼 나게 살다 가면 되지. 살아 있음에 감사하고 맨땅에 헤딩하는 심정으로 노력하며 살다보면 뭐라도 되겠지. 안 되면 어때, 한 번 가보는 거야. 쩨쩨하게 굴지 말고 가슴을 쫙 펴고, 배짱과 호연지기를 기르며 멋진 인생을 사시라."

할 말은 많으나 필요하면 만나서 얘기하기로 하자.

국회의원 선거, 이기는 선거운동의 거의 모든 것

선거란 무엇인가

선거는 무엇인가? 사람의 마음을 훔쳐 표를 얻는 종합예술이다. 이를 위해 정당은 정책을 개발하고 경쟁력 높은 후보를 출마시켜 유권자를 설득해 표를 얻어야 한다. 출마한 후보의 평판이 좋아야 함은 물론이며 유권자들에게 도움이 되는 공약을 내걸어야 한다. 정당은 정책이나 후보에 대한 민심 동향을 정확히 점검하고 개선해야 한다. 대중의 평판이 좋지 않은데 개선의 여지가 없다면 정책이든 인물이든 물갈이를 해야 한다. 정당이 정책과 후보를 잘 선별하지 못하면 선거에서 실패할 수밖에 없다.

선거 승패를 좌우하는 요인으로 후보 구도, 인물, 정책, 조직을 들 수 있다. 실질적으로 제일 중요한 요소인 후보 구도는 후보자의 영역 밖의 일이다. 상대방이 누가 나올지에 전혀 관여할 수가 없기 때문이다. 그러니 선거에서 승리하려면 나머지 세 요인에 집중해야 한다. 후보는 어떤 인물이어야 하며, 어떤 정책을 내놓아야 하고, 어떻게 조직을 활용해야 하나. 자, 선거의 세계로 안내하겠다.

공천 받는 법

안 어려운 선거는 없다. 국회의원 선거든 초등학교 반장 선거든 후보들은 애간장이 녹고 침이 바싹 마른다. 공천을 받고 선거에서 승리해 당선증을 받을 때까지 굽이굽이 숱한 어려움과 마주한다. 기본적으로 국회의원 선거구 253개 중에서 어느 지역구를 가든 당 내 경선을 피하기는 어렵다.

"공천만 받아오면 그때 돕겠다." 경선을 준비하는 예비 후보들이 자주 듣는 말이다. 애타는 예비 후보의 심정을 몰라도 너무 모르는 소리다. 후보의 심정은 이렇다. "우선 경선이라도 통과하게 해주세요." 경선을 넘어야 총선행 티켓을 딸 수 있기 때문이다. 후보자 입장에서는 경선이나 총선이나 마찬가지로 중요하다.

공천이 곧 당선인 지역구는 여당이든 야당이든 경선이 훨씬 더 치열하다. 골육상쟁이라는 말도 그 치열함을 표현하기에는 부족할 정도다. 원래 내부의 적이 가장 무섭고 내부 싸움이 더 피를 말리지 않는가.

내부 경선 승리 방법은 조금 후에 다루기로 하고 경선 제도가 도입된 의미를 먼저 살펴보겠다. 경선 제도가 없던 시절에는 공천권을 독식한 계파 보스에게 충성하는 줄 서기식 정치 문화가 있었고, '공천 헌금'이라는 검은 돈이 오가고 그 틈에 부정부패가 싹텄다. 노무현 대통령은 '깨끗한 정치'를 내걸고 당시 공천을 둘러싼 정치권의 구태에 칼을 댔다. 경선 제도 도입은 진일보한 정치 개혁의 일환으로 선진적인 정치 제도 안착에 크게 기여했다.

2004년 17대 총선 때 경선 제도를 도입하고 나니 공천 과정이 투명해졌고 선거판을 휘젓던 검은 돈이 사라졌으며, 국회의원을 꿈도 꿀 수 없었던 정치 신인들이 당당히 경선과 총선을 통과해 국회에 입성했다. 경선이 없었으면 국회의원이 못 됐을 국회의원은 노무현 대통령에게 감사하시라. 지금은 어느 당이나 모두 경선 제도를 도입했고, 단점과 한계를 보완하면서 발전시키고 있다.

자, 드디어 경선 이기는 방법을 소개하겠다. 경선 당락을 가르는 중요한 요소는 바로 경선 룰이다. 지금까지 총선 후보 경선은 당원 지지율 50퍼센트, 국민 지지율 50퍼센트를 반영해 당락을 판가름했다. 당원 중에서는 권리 당원을 중심에 두었고, 일반 국민의 의사는 여론조사 방식으로 확인했다. 그러나 20대 국회부터 안심 번호를 쓰는 완전 국민 참여 경선 방식을 채택했다. 그렇기에 앞으로 총선 후보 경선은 완전 국민 참여 경선 방식으로 하느냐, 권리 당원의 의사를 일정 비율 반영하느냐가 관건이 되리라 예상해본다.

선거는 과학이고 데이터 싸움이다. 악마는 디테일에 숨어 있다고 했던가. 룰이 어떻게 바뀌든 거기에는 변하지 않는 숨겨진 1인치의 경선 승리 비법이 있다. 공개하겠다.

20대 국회에서 처음 도입된 안심 번호 때문에 누구나 경선은 가뿐히 통과하리라 생각했던 현역 국회의원이 크게 패한 지역이 있다. 현역 국회의원이 월등한 인지도를 갖고 있으니 누가 와도 현역이 이기리라는 근거 없는 낙관이 부른 참극이다. 그 비밀을 풀어보자.

유선전화 여론조사가 지지율을 정확하게 반영하지 못하자 핸드폰으로 여론조사를 하기 위해 안심 번호라는 개념이 나왔다. 사생활 보호 차원에서 여론조사 기관에 가입자 주소지별 핸드폰 번호가 제공되지 않으니, 핸드폰 번호의 숫자 하나를 고친 것이 안심 번호이고, 이 번호는 한 차례 여론조사에만 사용하고 폐기한다. 이렇게 하면 진짜 핸드폰 번호가 노출될 위험이 없고 개인정보보호법에 저촉되지도 않는다.

만약 어느 지역 거주자의 핸드폰 번호가 010-1234-5678번이라면 통신사에서 숫자 하나를 변경해서 정당에 준다. 이렇게 받은 지역구 주민 핸드폰 번호에 자동응답방식(ARS)으로 전화를 건다. 전체 유권자의 25퍼센트를 무작위로 추출해 모집단으로 삼는다. 한 선거구 유권자 수 평균 20만 명의 25퍼센트, 5만 명 정도다. 이 5만 명

안에 포함된 유권자가 경선 참여 의사를 묻는 전화를 받는다.

기본 사항에 대한 질문이 끝나면 더불어민주당 경선 참여자의 경우, '더민주 지지층'이거나 다른 당을 지지하지 않는 '무당층'으로 확인된 사람들이 경선 선거인단 대상이 된다. 모집단 5만 명 중에서 30퍼센트인 1만 5천 명 정도는 이미 이사를 갔거나 이러저러한 이유로 제외된다. 그럼 약 3만 5천 명이 남는다.

여기에 비밀의 열쇠가 있다. 이 3만 5천 명도 실제 전화 응답률은 불과 3퍼센트 정도에 그친다. 3만 5천 명의 3퍼센트이면 1천여 명 정도. 이들이 최종 경선 선거인단이다. 무방비였던 현역 국회의원을 물리친 경선 상대는 4천 명을 우호 세력으로 확보했다. 무작위로 선거인단을 뽑긴 하지만, 최종 경선 선거인단 총 인원이 1천 명인 현실에서 4천 명이 핸드폰을 들고 다니며 이제나 저제나 경선 전화 올 때만을 기다린다고 생각해보라. 현역 의원이 아니라 이순신 장군께서 오신다 해도 별 도리가 없다. 질 수밖에.

이제 감이 좀 오는가. 경선은 디테일 승부다. 총선 본 선거와 달리 경선은 준비되고 조직된 1천 명의 싸움이다. 소수 싸움이기에 더 치밀하게 임해야 한다. 왜 과학이고 데이터 싸움이라고 하는지 이해했으리라 믿는다. 그렇다면 우호 세력 4천 명을 어떻게 강고하게 조직할 것인가. 그 비법까지 이 책에 쓸 수는 없다. 영업 비밀이니까.

선거에서는 인지도가 깡패다

정치인은 언론에 자기 이름이 나면 무조건 좋아한다. 부고란만 빼고. 정치 신인은 그놈의 인지도 때문에 못 살겠다, 인지도만 있으면 해볼 만할 텐데, 하며 한탄한다. 미안하지만 하나마나 한 말이다. 마치 영어, 수학만 잘했으면 서울대에 갔을 텐데, 라는 말과 똑같다. 현역 국회의원도 정치 신인 시절이 있었고 다들 그런 생각을 했다. 이 단계를 넘어서야 국회의원이 된다.

그럼 인지도를 어떻게 끌어올릴까. 처음에는 참 막막하다. 나도 처음 후보 경선 준비할 때 뼈저리게 느꼈다. 경선 준비 첫날, 사람들에게 얼굴과 이름을 알릴 겸 아침 운동을 하는 장소에 갔는데 도저히 입이 떨어지질 않아 모자를 푹 눌러쓰고 사흘 동안 아무 하고 악수도 못했다. 아침 일찍 일어나 운동하는 사람들 주변만 빙빙 돌다가 내려오는 그 심정이라니……. 죽을 맛이었다.

처음엔 모두 다 어렵다. 발도 입도 떨어지지 않는다. 그러나 어떻게든 시작할 계기를 만들어야 한다. 첫 번째로 만난 사람이 중요하다. 그 사람을 통해서 둘을 알고 또 넷을 알고, 그러다 보면 자신감이 점차 붙는다. 버스 한 대를 채워 단합 대회를 갈 수 있을 만큼 50명쯤 지지자를 모았다면 5부 능선은 넘은 셈이다. 이 50명이 나의 정치 비전을 이해해주고 나를 위해 울어줄 내 사람이라면 누가 와도 한번 붙어볼 만하다.

일단 50명을 확보하면 지역구에 내로라하는 사람의 인적 네트워크를 하나하나 그려갈 정도는 된다. 50명이 금방 1백 명 된다.

최소 2년을 활동 기한으로 잡고 1년 정도 노력해서 1백 명을 모았으면 성공적이다. 나를 위해 뛰어줄 사람이 1백 명이나 된다는 사실은 축복이다. 남은 1년 동안은 1백 명이 하나하나 소개해주는 사람들과 매일 만나기도 벅찰 지경이다. 이 정도 움직였다면 아마 현역 국회의원이 온갖 방해 공작을 해댈 테고, 원외 위원장이 버티고 있는 지역이라면 사람 빼앗기 경쟁에 불꽃이 튄다.

여기서 중요한 철칙 한 가지. 활동 기한 2년 동안은 다른 후보가 뭘 하는지 신경 쓰지 말고 내 조직을 탄탄하게 만드는 데만 집중하자. 일희일비 하지 마라. 관변 단체 같은 눈에 보이는 조직보다 숨은 조직이 훨씬 위력이 있다는 점만 명심해라. 관변 단체는 이미 지지 후보가 있고 공략하기도 어렵다. 20대 국회의원 후보 경선처럼 안심 번호를 이용한 완전 국민 경선이라면 사실 당 조직도 크게 신경 쓰지 않아도 된다. 단, 어찌 될지 모르니 내가 주도해서 지역구 주민을 꾸준히 권리 당원으로 입당시키면 더 든든하다.

선거, 혼자는 절대 할 수 없는 일

지역 주민을 만나는 방법에 정답은 없지만, 어떻게 해야 유권자의 마음을 얻을 수 있을지 지금까지 효과 높았던 방식을 소개한다.

첫째, 잘난 체 마라.

유권자들은 과시하는 후보를 정말 싫어한다. 국회의원에 출마할 정도면 똑똑하고 경력이 화려하리라는 것쯤은 다들 안다. 잘난 체한다는 인상을 주면 끝이다. 내가 왕년에 뭐를 했고, 누구를 알고, 힘이 있고……. 이런 말들은 절대 하지 말아야 한다. 오직 겸손, 겸손, 겸손뿐이다. 겸손하다고 무시당하지 않는다.

"저 사람 참 진국이네, 많이 배웠어도 참 겸손해."

"사람 좋고 착하네."

지역에서 이런 말을 들었다면 당선에 한층 가까워졌다는 신호다.

둘째, 진심으로 만나라.

후보는 불특정 다수를 미친 듯이 만나고 다녀야 한다. 지역 유권자들은 만나자고 하면 만나주긴 하는데, 후보가 자신에게 진정으로 관심이 있는지를 궁금해한다. 그러니 만나기 전에 작더라도 세세한 정보를 알아두면 좋다. 선거에서는 중요하지 않은 사람이 없다. 한 사람이 천하이고 우주다. 한 사람의 마음을 얻지 못하면 두 사람의 마음도 얻지 못한다. 그러니 누구를 만나든 좋은 첫인상을 심어주고 그의 마음을 사로잡아야 한다. 건성으로 하는 말이나 의도가 빤한 행동은 바로 눈에 띈다는 사실을 잊지 말자.

셋째, 역할을 맡겨야 한다.

한 사람을 만나서 마음을 얻었으면 반드시 그 사람에 맞는 역할을 맡겨야 한다. 그래야 책임감을 갖고 선거에서 뛰어준다. 말로 설명하니 간단한데 막상 하자면 어렵다. 대개 이럴 때 대가를 요구하는 사람이 있는데 응했다간 선거법 위반으로 한 방에 훅 갈 수 있으니 그 부분은 항상 조심하길.

넷째, 선입견을 버려라.

저 단체는 보수적이니 저 단체 회원들도 보수적이겠지, 우리 편이 될 수 없겠지, 이런 생각은 절대 금물이다. 그렇게 제외하다 보면 만날 사람이 없다. 보수 성향 단체가 싫을 수 있다. 그러나 지역에서는 이념보다는 누가 나를 대우해주느냐 하는 관점에서 유권자의 표심이 움직인다는 사실을 알아두자. 설령 그들이 나서서 도와주지는 않더라도 나를 극렬 반대하지만 않으면 성공이다. 진보 성향 유권자라고 해서 모두 나를 뽑는다는 보장도 없다. 진보, 보수 절대 가리지 말고 무조건 만나라.

여기서 잠깐. 그동안 참고 참았던 나의 깔때기를 한번 들이대겠다. 신문과 방송, 특히 종편은 전혀 모르는 이야기다. 보수 단체인 고엽제 전우회, 해병대 전우회, 새마을 단체, 재향군인회, 경로당 등이 우리 지역에서는 나를 그렇게 미워하지 않는다. 오히려 나의 든든한 우군이다. 그렇다고 내가 간이고 쓸개고 다 빼주지는 않았다. 이분들도 대한민국 국민이고 지역 유권자라는 사실을 잊지 않고 만났을 뿐이다. 진보, 보수를 떠나 함께 추구해야 할 일이 있고, 이분들과 말이 통하기도 한다. 접점을 잘 찾으면 궁합이 맞을 수도 있다. 나는 이렇게 찾았다.

• 고엽제 전우회

나라의 부름을 받아 생명을 걸고 베트남 전쟁에 다녀온 이분들의 숙원 사업은 전투수당 지급이다. 이라크에 파병되었던 자이툰 부대 군인들은 월급을 제대로 받았다. 베트남 참전 용사들에게 책정된 월급도 적지 않았지만 몰수해 국가 건설 비용으로 썼다. 이제는 당연히 돌려줘야 할 수당인데 아직도 지급하지 않고 있다. 국가는 이분들께 보상이 아니라 환급 또는 배상을 해야 한다. 이런 말씀을 드렸더니 진보도 이런 데 관심이 있냐며 반색하셨다. 곧바로 의기투합했다.

• **새마을 단체**

지역에서는 새마을 관련 단체가 가장 큰 조직이다. 이분들을 만날 때마다 내가 했던 이야기를 소개하겠다.

"제2차 세계대전 이후 독립한 150여 국가 중에서 제일 잘사는 두 나라를 꼽으라면 이스라엘과 우리 대한민국이다. 이스라엘과 대한민국이 가진 공통점이 두 가지가 있는데 하나는 교육열이고 또 하나는 새마을운동이다. 박정희 대통령이 저지른 잘못도 많지만 산에 나무 심고, 경부고속도로를 건설하고, 새마을운동을 한 것은 잘했다고 생각한다. 새마을운동이 없었다면 우리가 이 정도로 잘살 수 있었겠는가. 그 정신을 새기는 여러분은 이 시대의 애국자다. 우리 아버지도 1972년 우리 동네 초대 새마을 지도자셨으니, 여러분은 모두 제 아버지 후배다. 저도 근면, 자조, 협동 글자가 박힌 녹색 새마을 모자를 쓰고 초등학교를 다녔다. 새마을 조직을 내 조직처럼 아끼고 사랑하겠다."

그럼 여기저기서 박수가 터져 나온다.

• **경로당**

경로당에 가면 경제정책이나 국가 정세는 별로 중요하지 않다. 그분들께 전하고 싶은 사람 냄새 나는 이야기를 하는 게 백배는 더 중요하다. 나는 경로당에 가면 똑같은 이야기를 10년째 반복한다.

정청래 안녕하세요? 정청랩니다. 저는 충남 금산에서 10남매 중 열 번째 막내로 태어났습니다.

어르신들 아이쿠우, 옛날에는 다 그랬지.

정청래 10남매인데, 호적상으로는 5남매 중 막내예요. 홍역 때문에 많이들 죽었다면서요?

어르신들 아휴, 쯧쯧.

정청래 아 근데, 옛날에는 왜 그렇게 애들을 많이 낳았어요?

어르신들 아, 몰라. 그땐 다 그랬어.

정청래 저희 엄니한테 물어봤어요. 그랬더니 "나도 모르겄다. 니 아부지가 손만 잡아도 애가 생기드라."라고 말씀하시던데 진짜예요?

어르신들 하하하하!

정청래 제가 10남매 중에 막내다 보니까 하마터면 못 태어날 뻔했어요. 어머니가 큰 며느리보다 5개월 늦게 저를 가져서 창피해서 떼려고 산부인과 병원을 두 번 갔대요. 3개월 때는 기억 안 나는데 5개월째는 기억이 납니다.

어르신들 하하하!

정청래 어머니가 산부인과 수술대에 누우시길래 제가 깜짝 놀라서, "엄마, 나 태어나서 국회의원 해먹어야 되니까 제발 저를 낳아주세요." 했더니 어머니가 불쌍했는지 저를 낳아주셨어요.

어르신들 아이고오, 큰일 날 뻔했구먼.

정청래 그런 어머니가 제가 학생운동 하다가 감옥살이를 2년 했는데 그 충격으로 쓰러지시고 6년간 중풍을 앓다가 돌아가셨습니다. 제가 불효자식입니다. 그래서 지금도 보고 싶어서 어머니, 아버지 사진을 서재에 걸어놓고 매일 문안 인사를 해요. "어머니, 오늘은 성산2동 경로당에 다녀오겠습니다."라고 말씀드리면 사진 속 어머니가 이렇게 말씀하십니다. "네 부모는 세상에 없으니 동네 어르신 친부모맹키로 잘 모시고 효도하면서 정치해라." 그러면 제가 대답합니다. "어머니 말씀 명심하겠습니다."

그리고 꾸벅 큰절을 하면 동네 경로당 어르신들은 박수를 우렁차게 쳐주신다.

10년 동안 어머니 이야기만 하고 다녔더니 지금은 동네 경로당에서 내가 10남매 중 열 번째 막내라는 것을 모르는 어르신이 없다. 가끔 퀴즈도 낸다. "어머니들, 제가 몇 번째 막내라고요?" "아이 그걸 모르는 사람이 있어? 열 번째 막내!"라고들 대답하신다. "다 아니까 오늘은 인사말 길게 하지 말고 내려가라 하셔도 노래는 한 곡 합니다. 어머니께서 곡목도 정해주셨어요. 〈내 나이가 어때서〉 부르겠습니다." 하고 노래를 한다. 가끔 레퍼토리를 바꿔서 〈고장난 벽시계〉도 부르고 가끔씩 도종환 시인이 쓴 시 〈흔들리며 피는 꽃〉을 암송하기도 한다.

내가 컷오프되었을 때 경로당에서 "아이고오. 우리 막내 의원님 우짤꼬." 하고 많이들 안타까워 하셨다고 한다. 깔때기 끝!

교회 목사님들, 주민자치위원회, 초등학교 녹색 어머니회 등 만나고 챙길 조직은 참 많다. 이 많은 분을 만나 정책이나 공약을 말해도 결국 그 사람 어떻다더라, 하는 인물평만 남는다. '뭘 많이 아나 보다.', '우리 말을 들어주고 내 편이다.', '나의 이익을 위해 뭔가는 해줄 사람이다.' 이런 인상이 마음에 남는다. 지역은 관리하는 게 아니고, 한 사람 한 사람을 사랑하는 거다. 진짜 위하는 마음인지 표 얻으려고 그런 척하는지 결국 다 안다.

앞에서도 이야기했듯 지역 구석구석을 돌아다니며 사람의 마음을 얻으려면 기본으로 최소 2년은 필요하다. 처음에는 지역 주민들이 '너 얼마나 하는지 보자.' 하는 눈초리로 대한다. 여기에 상처받지 말고 목표를 향해 나아가자. 지역 유권자는 정당이 맘에 든다고, 정책과 이념이 좋다고 국회의원을 뽑아주지 않는다. 당이 아니라 국회의원이나 지역위원장이 누구인지를 보고 지지한다. 처음 출마할 때 마포(을) 지역은 한나라당 국회의원이 내리 3선을 한 지역이었다. 나도 처음에는 너무 힘들었던 기억이 있어 국회의원을 하고자 하는 이들에게 도움이 되었으면 하는 마음에 내가 어떤 과정을 밟았는지 이야기해보았다.

내 능력을 넘어서는 영역이 있다

• **지역 유권자 구조**

지역구를 아무리 열심히 돌아다녀도 만날 수 있는 유권자 수는 사실 5퍼센트도 안 된다. 20만 명 중 1만 명이면 많이 만난 것이다. 지역에서 낮에 만날 수 있는 분은 대개 여성이거나 자영업자다. 아파트에 숨어 있는 유권자는 정국 분위기에 따라 투표하는 분들이라 어찌해볼 도리가 없다.

그래서 지역 유권자 구조가 중요하다. 적어도 최근 5년간 각종 선거, 대선, 총선, 지방선거 등에서 나타난 투표 성향 분석은 기초자료이니 잘 봐야 한다. 더불어민주당 소속 후보가 그 지역구가 텃밭인지 자갈밭인지 판단하려면 전체 유권자 대비 20~40대 젊은 유권자 비율이 제일 중요하다. 유권자들의 월평균 가계소득, 거주 아파트 평수 등도 중요하다. 농부가 밭을 탓하면 안 되지만 아무리 밭을 갈아도 자갈밭이면 농작물이 자랄 수가 없다.

수원 영통은 40대 이하 유권자 비율이 70퍼센트이다. 새누리당이 아무리 열심히 해도 당선되기 어려운 지역이다. 20대 국회의원 총선에서 좀 누그러지긴 했지만, 여전히 지역감정은 높은 장벽이다. 타파해야 마땅하지만 현실에 온존하고 있다. 평생 독립운동을 하는 심정으로 영남 지역에서 야당 소속으로 뛰는 분들은 존경스럽다. 당에서 이분들을 위해 특별한 배려와 지원을 아끼지 않아야 한다.

- **후보 구도**

20대 총선에서 경남 통영시, 고성군 지역구에서 새누리당 후보가 무투표 당선되었다. 이런 행운도 있는가 하면 그 반대쪽에는 상대 후보를 잘못 만나 떨어진 아까운 사람도 많다. 지역구에 따라 득표수 편차도 심하다. 2만 표를 받고 당선된 사람이 있는 반면 4만 표를 받고도 떨어진 사람도 있다.

총선에서 후보 구도는 신의 영역이다. 내가 아무리 준비를 많이 하고 완벽해도 더 강력하고 훌륭한 상대 후보가 나오면 패배한다. 준비가 덜 되었더라도 나보다 약한 사람이 나오면 당선된다. 더불어민주당에서 의정 활동 성적 하위 20퍼센트 일괄 컷오프에 반발한 논리가 바로 이것이었다. 지역구에서는 이렇게 후보 구도가 선거 승패를 좌우하니 당선될 사람을 공천하는 것이 중요하다. 이론과 실제는 이만큼 다르다.

• **바람**

바람이 심하게 불면 모든 것이 날아가버리고 휘청휘청 내 몸도 가누기 어렵다. 선거에서는 바람이 준비하고 모아놓은 소중한 나의 표를 날려버린다. 더컸유세단을 이끌고 전남 나주시, 화순군 지역구 신정훈 의원 지원 유세를 갔다. 그때만 해도 낙선은 상상도 못했다. 신정훈 의원은 농민운동가 출신으로 나주 시장을 지낸 경쟁력이 탄탄한 후보였고, 상대 후보는 나로서는 금시초문인 인물이었다. 그러나 신정훈 의원은 결국 호남에 몰아친 녹색 광풍에 낙선의 고배를 마셔야 했다.

바람은 그 순간의 민심이다. 민심은 천심이고, 좋은 민심, 나쁜 민심 따로 없다. 하늘에서 내리치는 천둥 번개를 어떻게 일개 후보가 뚫고 나갈 수 있겠는가. 총선 결과를 보면 될 사람이 떨어지고, 인지도도 존재감도 없었는데 당선된 경우를 자주 본다. 그러나 따지고 보면 행운도 실력이다. 세상에 공짜는 없으니 행운의 주인공도 그 행운을 맞이하기 위해 남모르게 피눈물을 흘렸을 테다.

국회의원 후보 티 나게 돕는 법

국회의원 될 생각이 없다면 내가 원하는 사람이 국회의원이 되도록 도와주는 일을 해보면 어떨까. 국회의원은 누군가의 도움을 받지 않고서는 당선될 수 없으니까.

내 맘에 드는 사람을 국회의원으로 만드는 데 동참하는 것도 애국입니다. 애국 한번 하시죠.

• 국회의원 후보 선거 캠프는 빈집이다

국회의원 후보라면 도와주는 사람이 얼마나 많을까 싶겠지만 사실 아니다. 부지깽이 하나도 아쉬운 농번기 정도가 아니다. 국회의원 후보 캠프에는 사람이 없다. 바글거리는 사람들은 당 지역위원회 조직 소속이거나 유급 선거운동원들이다. 자발적으로 순수하게 자원봉사 하는 사람은 극소수다.

지역 터줏대감은 표를 모으는 데 도움이 되기도 하고 그렇지 않기도 하다. 그를 보고 찍어주는 사람도 있지만 그 사람 보기 싫어서 안 찍어주는 사람도 많다. 토호 세력의 구태스러운 태도가 지역 유권자에게는 신선해보이지 않고 때로는 반감을 사기도 한다. 지역 선거 캠프에 가보면 연령이 높은 어르신이 많은데 그분들은 선생님처럼 가르치려드니 다른 유권자가 잘 방문하지 않는다. 사무실 밖으로 나가 돌아다니면서 유세를 해야 한 표라도 얻을 텐데 사무실 안에서만 북적이고 있는 사람들도 많다.

후보는 20~30대 젊은 세대를 애타게 찾는다. 지역에서 공략하기가 쉽지 않은 유권자층이다. 새롭고 신선한 인물이 당선되길

원한다면 20~30대가 캠프에 들어가서 도와야 효과가 높다.

어떤 후보를 도와주고 싶다면 캠프로 찾아가서 뭐든지 하겠다고 하라. 그러면 대부분 전화 자원봉사 일을 맡게 된다. 선거 사무실 전화 부스에서 자기 핸드폰에 입력된 번호부터 전화를 걸어라. 캠프에서 주는 유권자 번호로 전화를 걸어 수많은 사람의 반응을 듣다 보면 후보의 장단점이 파악된다. 매일 체크리스트를 만들어 전달하자. 후보에게 엄청난 도움이 된다. 제대로 된 선거 캠프라면 유급 선거운동원보다 자발적인 선거운동원이 득표력도 있고 확장성도 있는 알짜배기라는 사실을 모두 알고 있다. 선거 캠프에서 자원봉사 선거운동을 해보자.

- **경선 때 선거운동원이 진짜다**

어떤 후보를 돕겠다고 마음먹었다면 기왕에 경선 때부터 도와주면 어떨까. 그때가 사실 가장 절실하게 도움이 필요한 시기다. 경선 후보 캠프에 들어갈 때는 혼자보다 뜻이 비슷한 사람 여러 명과 함께 들어가기를 권한다. 자원봉사자 대여섯 명만 들어와도 후보 입장에서는 천군만마를 얻은 느낌이다. 자원봉사자 입장에서도 여럿이 함께 가면 덜 어색하기도 하고 효율적으로 움직일 수 있다.

후보는 아침부터 저녁까지 죽어라 뛰고 또 뛴다. 그러나 후보가 만나는 사람보다 만나지 못하는 사람들이 훨씬 많다. 설령 후보가 누구를 만나도 자기 자랑은 금물이니 스스로 홍보하기에는 한계가 있다. 그러나 다른 사람이 그 후보를 칭찬하면 유권자는 귀를 기울인다. 그래서 나는 구전 홍보단이 되라고 권하고 싶다. 만나는 사람마다 'OOO 후보, 그 사람 이래서 좋고 저래서 좋더라.'라는 일반인의 평가는 입소문을 타고 빠르게 지역 구석구석을 달린다. 후보로서는 결코 할 수 없는 일이다. 누구든 제 머리를 깎기는 어려우니 자원봉사자가 깎아주자.

초선 국회의원께

초선 국회의원. 프로야구에서 평생 한 번밖에 받을 수 없는 상이 신인왕 타이틀이다. 국회에서도 평생 한 번 밖에 못하는 것이 초선 국회의원이다. 평생 국회의원이 꿈이었던 사람도 있고 아침에 눈을 뜨니 국회의원이 돼 있는 사람도 있을 것이다. 경로와 과정이 다르고 경험과 환경이 달랐어도 이제 대한민국 국회의원이다.

국회의원은 공적인 일을 하는 특수 공무직 헌법기관이다. 개인으로서 영광스러운 한편 대한민국 국민을 대표한다는 막중한 책임감과 사명감에 불면의 밤도 많을 것이다. 당신은 왜 국회의원이 되었는가? 이 질문에 설득력 있게 또박또박 대답할 준비가 되어 있는

가. 아니라면 빨리 그 답변부터 준비하시라. 앞으로 4년 내내 당신을 따라다니며 괴롭힐 질문이다.

처음에는 국회에서 벌어지는 모든 일들이 낯설고 신기하다. 이때 자기 객관화를 잃어버려서는 안 된다. 국회의원인 현재의 나와 국회의원이 아닌 과거의 나 사이에서 길을 잃고 헤매는 때가 많다. 과거에는 국회의원에게 날선 비판도 해댔지만 이제 국회의원이 된 내게는 관대해지기 시작할 것이다. 이럴 때 초심이 흐려진다고 말한다. 초선의 초심을 항상 새겨야 한다.

초선 국회의원은 보좌진을 꾸리고 상임위가 정해졌어도 걸음마 단계다. 아직 역량이 부족하다. 자신의 위치와 덜 갖춰진 역량 사이에 생긴 간격을 빨리 좁혀야 한다. 그러려면 무엇을 해야 하는가. 우선 자기가 속한 전임 국회 상임위 속기록을 독파해야 한다. 자기 상임위에 쌓인 전사全史와 전사前史를 속속들이 꿰고 있어야 한 마디 한 걸음에 무게가 실린다.

처음 1년 동안은 국회의원이 정부 부처를 감사하는 것이 아니라 정부 부처가 초선 국회의원을 평가하는 기간이다. 싫어도 어쩔 수 없다. 이 기간을 하루빨리 단축하려면 공부하는 수밖에 없다.

익숙하지 않은 국회의원 문화와 국회 관례에 주눅 드는 시간을 속히 끝내야 한다. 그러려면 국회법을 통독해야 한다. 국회법만 줄

줄 외우고 있어도 상임위 운영이 꼬였을 때 해법을 제시하는 도사가 될 것이다. 다선 의원들도 국회법을 잘 모른다. 일종의 틈새시장이니 먼저 국회법에 통달하는 자 복이 있을지어다. 각종 토론회에서 헌법이 위력을 발휘하니 필요한 조항은 꼼꼼히 외워두시라.

처음에는 의아한 점도 많을 것이다. 의외로 차근차근 가르쳐주는 사람이 아무도 없다. 국회에서 어떻게 생활해야 하고 주의할 점이 무엇인지 국회의원 문화를 알려주는 사람도 매뉴얼도 없다. 의총 때 발언은 어떻게 하는지, 대정부 질의는 어떻게 하고 어느 때 내가 나서야 할지 모든 것이 낯설지만 모두 스스로 개척할 사항들이다.

누구한테 물어보기도 좀 그렇고 안 물어보자니 실수할 것 같고 그러다 보면 본의 아니게 과묵한 국회의원이 된다. 과묵하고 싶어서 과묵한 것이 아닌데 이럴 때 참 마음이 거북하다. 그럴 필요가 없다. 친한 선배 의원에게 자주 물어봐야 한다. 기회를 놓치느니 그게 백배 낫다. 그런데 이상하게 국회의원이 되면 모든 것을 아는 전지전능한 사람이 된 듯 어깨가 으쓱해지는 병이 있다. 그러다가 머쓱해지는 경우가 많으니 주의하시라.

버스 지나가고 나서 손들지 말자. 쇠도 달궈졌을 때 두드려야 쓸모 있는 연장이 되고 물 들어왔을 때 노를 저어야 목적지에 도달할 수 있다. 멈칫멈칫 하다 보면 말해야 할 때 손가락만 물어뜯고 있게 된다. 국회의원은 상임위 위원이기 이전에 대한민국 국사國事를 놓고 이치와 시비를 따져 자신의 의견을 말하는 사람이다. 내가 잘 알고 자신 있게 해결할 수 있는 문제가 터지면 과감하게 치고 나가라. 국회의원을 하다 보면 그동안 대비해온 어떤 문제가 1년에 한 번 꼴로 찾아온다. 그때 과감한 슈팅을 날려야 한다. 그래야 성장한다.

대중과 만나 대중의 마음을 잘 읽어라. 그래야 대중의 이슈를 대중의 언어로 대중에게 말할 수 있다. 그것이 국회의원의 자산이고 정치적 힘이다. 그러기 위해 매일 일기 쓰듯 SNS를 하라. 대중의 지혜를 배우고 대중의 응원을 받아라. 대중의 시각에 나의 눈을 맞추다 보면 어느새 보이지 않던 것을 볼 줄 아는 대중 정치인이자 유능한 국회의원으로 성장해 있을 것이다. 초선 국회의원이여! 대중과 눈(SNS)을 맞추시라.

정청래를 부탁합니다

손혜원(국회의원)

나는 정청래가 누군지도 몰랐다. 새정치민주연합 홍보 위원장 직을 수락했을 때 그의 이름을 처음 들었다.

"정치권에 가시는 거, 말리고 싶지만 손 대표님 의지가 이토록 강하니 어쩔 수 없네요. 그러나 꼭 주의하셔야 할 사람이 있습니다. 정청래 같은 인간하고는 절대 상종하시면 안 됩니다."

2015년 7월 7일, 첫 출근날. 최고 위원 회의에 참석했다. 문재인 전 대표 외에 아는 얼굴은 한 사람도 없었다. 조심하려면 누군지는 알아야 하니 미리 인터넷에서 정청래 의원 사진을 찾아봤다. 두

리번거렸으나 그의 얼굴은 보이지 않았다. 회의가 끝나고 안내하던 당직자에게 물었다.

“정청래 최고 위원은 참석을 안 하셨네요?”

“아, 네……. 그분은, 당분간 참석 안 하십니다.”

“왜요?”

“네……. 사정이 좀 있습니다.”

“무슨 사정이요?”

“곧 알게 되실 겁니다.”

매주 월, 수, 금 오전에 열리는 최고 위원 회의에 이주일째 참석했으나 아무도 내게 일을 시키는 사람이 없었다. 사회생활 잘하던 사람을 무엇하러 데려왔는지 의아했으나 일단 기다리며 ‘셀프디스’ 캠페인을 시작했다. 지금 생각해보면 무식하고 용감해서 했던 일이었다.

몇 사람 셀프디스 캠페인을 진행하다 보니 더 이상 마땅한 대상이 안 보였다. 그래서 마침 징계 중이라니 반성할 내용도 있을 듯해 정청래 의원 방에 찾아갔다. 그날 그를 찾아가지 않았다면, 지인의 충고대로 정청래 의원과 친하게 지내지 않았다면, 지금 나는 어떻게 살고 있을까.

첫 대면은 그야말로 '어이없음' 그 자체였다. 자기는 잘못한 게 없기 때문에 셀프디스 따위에는 관심 없다며 일언지하에 내 제안을 거절했다. 그러면서도 내가 신기했는지 이것저것 물었다. 결국 빈손으로 나오는 내게 그는 두툼한 종이뭉치를 건넸다. 자신이 준비 중인 책 원고라며 제목을 생각해보고 알려달라고 했다. 셀프디스는커녕 정치인 정청래가 누군지 아주 자세히 알 수 있는 책 원고만 받아온 셈이었다. 원고를 훑어보고 다음날 내 의견을 전달했다.

1. 책 분량을 3백 쪽 이하로 줄일 것.
2. 책은 저자가 쓰지만 사는 사람은 독자라는 점을 잊지 말 것.
3. 저자와 독자의 관심사를 잘 조율하여 내용을 검토할 것.
4. 추천 제목 : '나는 왜 매 맞을 일을 자초하는가.'

물론 정청래 의원은 내 조언을 하나도 받아들이지 않았다. (책 분량 416쪽, 제목《거침없이 정청래》)

정청래 의원과 두 번째 만남은 전혀 내 뜻이 아니었다. 2015년 11월, 우리 당 팟캐스트 '진짜가 나타났다' 시즌2에 진성준, 정청래 의원과 내가 전격 투입되었다. 싫으나 좋으나 매주 수요일 밤이면 그와 세 시간씩 얼굴을 맞대고 방송을 해야 했다. 지인의 충고는 어느새 잊고 나는 열 살 아래 동생 정청래와 친해졌다. 사물의 본질을 파악하고 그 본질을 토대로 브랜드를 만들거나 개선하는 일을 평생 해온 내게 정청래 의원의 본질이 서서히 보이기 시작했다. 외모, 행동과 속마음이 너무나 달라서 평생 손해만 보고 살아온 그는 신기한 연구 대상이었다.

어디서나 누구 앞에서나 할 말 다하는 인간,
옳다고 생각하면 앞뒤 생각 않고 나서서 소리치는 인간,
당이 필요로 할 때, 아무도 안 나설 때, 앞서 나가 두드려 맞고
그래서 늘 손해 보고 온갖 총알은 다 맞는 인간.

SKY 출신도, 학생회장 출신도 아니어서 운동권 취급도
제대로 못 받는 인간,
강자 앞에서 더 강해지고 약자 앞에서 한없이 약해지는 인간,
'어머니', '세월호' 이야기만 나오면 눈물 흘리는 인간,
이용만 당하고 상처는 혼자 입는 그런 어이없는 인간,
정청래는 그런 바보 같은 인간이었다.

나도 그런 정청래를 이용했다. 아니, 그때는 '이용'한 줄 알았다.

김종인 전 대표 영입 직후, 나는 최고 위원들이 그를 기꺼이 맞아들이도록 내부 분위기를 조성하려 애쓰고 있었다. 그런데 정청래 의원이 가장 먼저 최고 위원 자리를 내놓으며 "경제민주화 님, 환영

합니다."라고 외쳤다. 나는 속 깊은 정청래 의원이 내 뜻을 알아채고 그렇게 해주었다고 생각했고 많이 고마웠다. 그래서 공천탈락 당했다는 소식에 더욱더 분노했고 가장 먼저 김종인 대표에게 반기를 들고 그의 곁을 떠났다. (나는 그때 정청래 의원이 내 뜻을 알았는지 몰랐는지 지금도 모른다.)

그리고 며칠 후, 내가 아니면 누가 마포(을) 국회의원 후보로 나와도 도울 수 없다는 정청래 의원의 뜻을 전하는 전령이 찾아왔다. 그는 여러 아름다운 이유들을 꼽으며 내게 마포(을) 출마를 종용했다.

"미쳤어! 미쳤어! 미쳤어!"라고 소리치면서도 "물론 내가 나가면 당선되지!"라고 자신 있게 말했던 배경에는 정청래 의원이 나 혼자 뛰라고 내버려둘 리 없다는 믿음이 있었다. 별 고민 없이 그 제안을 받아들인 데는 비례대표 1번에 큰 의미를 두지 못한 까닭도 있었지만 정청래 의원과 함께 비를 맞겠다는 각오가 더 컸다.

정청래 전 의원과 함께 25일 동안 어깨띠를 두르고 유세차를 탔다. 얼굴 한번 찌푸리지 않고 선거운동 기간 내내 '손혜원을 부탁합니다!' 외치며 내 곁을 지켜준 정청래. 때로는 자기 지지자들과 얼싸안고 눈물 흘리면서도 끝까지 '손혜원을 부탁'하며 지역을 누볐다. 그는 여의도 의정 활동도 잘했지만 지역구 주민들의 뜨거운 사랑을 받고 있었다. 그와 더불어 치른 선거는 눈물 속 축제였고 축제의 피날레는 당연히 승리였다.

이제는 내가 그를 지킬 차례다. 나는 정청래 전 의원을 제 자리로 돌려보낼 때까지 그의 곁을 지키며 내가 할 수 있는 모든 노력을 다해 그를 도울 것이다. 나는 정청래만의 본질을 찾아, '정청래'라는 브랜드의 가치를 높이고, 국민이 그의 장점을 제대로 알아볼 수 있도록 힘쓸 것이다. 히트 브랜드, 정청래를 더욱 강력한 브랜드로 다듬어 다시 여러분 곁에 돌려드릴 생각이다.

앞으로 3년 9개월.

다시 올 축제의 그날, 그의 손을 잡고 함께 유세차를 타고 외칠 것이다.

"정청래를 부탁합니다."

부록

대통령 선거 이기는 법

그런데 왜 정권 교체를 해야 하는가

정권 교체를 해야 하는 첫째 이유

정권 교체를 해야 하는 이유는 너무나 많지만
나에게 딱 한 가지를 꼽으라면 단연 남북 관계를 꼽겠다.
정치에서 가장 중요한 현안도 남북 관계라고 생각한다.
지난 20년간 김대중-노무현 민주 정부와
이명박-박근혜 보수 정부의 차별성이
가장 확연하게 드러났던 분야도 바로 남북 관계다.

2015년 비무장지대에서 목함 지뢰 사건이 터졌다. 이 사건으로 비무장지대에 대북 확성기가 설치되고 북한은 이를 조준 사격하겠다고 나서며 남북이 초긴장 상태로 대치했던 그날 하루 동안 우리나라에서 빠져나간 돈이 34조였다. 1년 예산이 380조인데, 거의 10분의 1이 하루 만에 날아갔다. 〈한국경제신문〉에서 분석해서 보도한 내용이다. 온 국민이 허리띠를 졸라매고 노력해도 한순간에 이처럼 어마어마한 돈이 날아가버린다.

남북 관계를 이념 문제로만 받아들이는 사람들도 있지만, 오히려 이는 우리 생존이 걸린 경제를 흔드는 문제다. 그러니 대한민국 대통령과 정치인들은 남북 관계를 평화롭게 유지하는 일을 반드시 소명으로 삼아야 한다.

2006년 10월 9일, 북한의 1차 핵실험이 있었다. 2015년 사건의 단초가 된 지뢰나 확성기, 조준 사격과는 비교할 수 없을 정도로 큰 사건이었다. 2006년 핵실험은 우리에게 어떤 영향을 미쳤을까? 핵실험 보도 뒤 김대중 대통령은 전남대에 가서 "어떠한 경우가 되더라도 대북 포용 정책을 바꾸면 안 됩니다. 우리가 아무리 어려워도 전쟁할 수는 없지 않겠습니까. 평화의 길로 가야 됩니다. 여러분, 지금 북한이 핵실험 했는데 라면 사재기하는 사람 있습니까? 지금 전쟁 났다고 피난 가야 된다고 생각하는 국민 있습니까? 없습니다. 왜 그렇습니까? 바로 햇볕정책 때문에 그렇습니다."라고 역설했다.

당시 분위기를 알 수 있는 여론조사를 보자. MBC에서 핵실험 당일 실시한 국민 여론조사(2006년 10월 10일 MBC '뉴스데스크' 보도)에서 북한 핵실험으로 불안하느냐라는 질문에, 매우 불안(19.4퍼센트), 다소 불안(38.4퍼센트)로 불안이 약간 높았지만 별로 불안하지 않다(27.2퍼센트), 전혀 불안하지 않다(14.5퍼센트)로 불안하지 않다는 응답도 이례적으로 높았다. 북한이 핵실험을 감행한 이유가 '대미 협상용이라고 생각한다'는 대답(17.5퍼센트)이 남침용(4.5퍼센트)이라는 응답보다 4배나 많았다. 우리나라도 핵개발을 해야 하느냐는 질문에 대해서는 비핵화 원칙을 지켜야 한다는 응답(56.2퍼센트)이 우리도 개발해야 한다는 응답(39.4퍼센트)보다 1.4배나 높았다. 북한의 첫 핵실험 성공은 목함 지뢰 사건보다 정치적으로나 경제적으로 더 심각한 악재였지만 우리 모두가 바라마지 않는 평화 유지라는 남북 관계의 큰 틀은 바뀌지 않았다.

사실 북한의 첫 핵실험 성공에 당시 참여 정부도 당황했다. '햇볕정책 수정 불가피론'도 제기되었다. 김 대통령은 "여기에 너무 놀라거나 두려워하지 마시고 햇볕정책이 잘못된 정책이 절대 아니라는 것을 믿으십시오. 햇볕정책을 바꾸면 안 됩니다."라고 했다.

박근혜 정부는 목함 지뢰에 확성기로 대응했고 북한은 한술 더 떠 조준사격 위협으로 맞섰다. 그 결과는? 한국 경제 34조 손실이었다. 2006년 북한의 핵실험에 김대중 대통령은 강연으로 대처했고 국민은 동요하지 않았다. 라면 사재기조차 없었다.

김대중 대통령의 메시지는 한반도가 군사적 긴장을 줄이고 평화를 위해 한 발 다가가게 한 고도의 정치 행위였다. 나는 우리가 전쟁 승리보다 전쟁 없는 평화를 꿈꾸어야 한다고 믿는다. 나는 국민의 안전을 최우선에 둔 정치 지도자라면, 북한 핵문제의 핵심과 본질을 알고 있는 정치인이라면 마땅히 모든 노력을 기울여 평화적인 남북 관계를 유지하도록 노력해야 한다고 믿는다.

2000년 '김대중-클린턴 구상'

강산이 한 번 바뀌었다.
햇볕정책 덕에 금강산 관광을 갔던 10년 전과
지금의 국민 의식은 많이 다르다. 그래서 정치가 중요하다.
동교동으로 퇴임한 김대중 대통령을 찾아뵌 적이 있다.
2000년 '김대중-클린턴 구상'이 실현되지 못했던 것이
그토록 아프셨는지 "우리 민족은 참 박복한 민족입니다.
천추의 한입니다."라고 말씀하셨다.

2000년 10월 23일 미국 국무부 장관 올브라이트가 평양에 가서 김정일 국방위원장과 만났다. 바로 직전 2000년 10월 9일 북한 인민군 최고위 인사인 총정치국장 조명록 차수는 김정일 위원장 특사 자격으로 워싱턴을 방문해 클린턴 대통령과 회담을 가졌다. 클린턴과 김정일의 정상회담 사전 작업이었다. 김대중 대통령이 온 힘을 다했던 한반도 평화 정착을

위한 만남이었다. 이 시기는 북한과 미국의 관계가 밀월 관계라 할 만큼 좋았다.

올브라이트 국무장관에 이어 클린턴 대통령이 평양에 가서 김정일 위원장과 정상회담을 하고 수교할 계획이었다. 그렇게 됐다면 미국의 입장에서 'South Korea is an old friend, North Korea is a new friend(남한은 오래된 친구, 북한은 새로운 친구).'가 되지 않겠는가. 오랜 적대적 관계를 청산하고 항구적인 한반도 평화의 길로 나갈 기회였다.

미국은 북한 체제를 인정하고 정치적 후견인이 되어 수교하고, 이어서 북한과 일본이 수교한다. 그리고 일본은 북한이 10년 전이나 지금이나 똑같이 요구하고 있는 배상금 110억 달러를 한 푼도 깎지 않고 준다. 북한은 영구적 핵불능화를 약속하고, 남북은 불가침선언을 천명하며, 이어서 지금의 정전협정을 공식적인 전쟁 종료 선언인 평화협정으로 바꾸고 남북 철도를 연결한다. 이것이 김대중 대통령이 한반도 평화를 안착시키기 위해 미국 대통령 클린턴을 설득해 합의한 '김대중-클린턴 그랜드 플랜'이었다.

그러나 그해 미국 대선에서 클린턴의 정책을 계승할 앨 고어가 패배하고 조지 부시가 당선되면서 클린턴은 평양에 갈 수 없었고, 그랜드 플랜은 실현되지 못했다. 한반도 평화 정책을 반대했던 부시는 2002년 1월 29일 신년 국정연설에서 북한을 이란, 이라크와 함께 묶어 '악의 축axis of evil'으로 선언했다. 2005년 1월 18일 부시 정권의 국무장관 지명자 콘돌리자 라이스는 쿠바, 이란에 이어 북한을 '폭정의 전초기지outposts of tyranny'라 표현했다. 잇따른 강경 발언에 북 · 미 관계는 급격하게 악화되었고 북핵 협상은 아무런 진척이 없었다. 그리고 한반도에 전쟁의 먹구름이 몰려오기 시작했다.

조시 부시의 '악의 축' 발언 후 2003년 3월 미국은 이라크를 침공했다. 이라크에서 침공 명분이었던 대량 살상 무기는 발견되지 않았다. 김대중-클린턴의 노력으로 북한 핵동결-핵폐기 정책에 동의하는 쪽으로 가닥이 잡히는 듯했지만 부시 당선 이후 북한과 미국 쌍방은 마주 보고 달리는 기차처럼 대결로 치달았다. 결국 북한은 2006년 10월 핵실험을 감행했다. 이후 유엔에서 북핵 제재 안전보장이사회 결의안을 채택했고, 북한은 대륙간 탄도 미사일과 위성을 발사하고 제2차(2009년 5월 29일), 제3차(2013년 2월 12일) 핵실험을 한 뒤 2016년 1월 6일 제4차 핵실험에서는 수소폭탄 제조에 성공했다고 주장했다. 2016년 9월 9일 오전 9시 북한은 자신들의 건국절에 맞춰 제5차 핵실험을 감행했다. 이전 핵실험과는 차원이 다른 메가톤급 충격이었다.

애써 추진한 금강산 관광이 파탄 나고 급기야 개성공단마저 폐쇄되었다. 남북 대화 채널도 끊어지고 한반도 평화는 심각하게 위협받고 있다.

남북 갈등 해소에는 미국의 역할이 굉장히 중요하다. 참여 정부가 한반도 평화 구축을 안보 전략의 핵심으로 삼아 햇볕정책을 이어가고자 했지만 부시가 대북 강경책을 펼치고 있는 상황에서 성과를 내기는 어려웠다. 부시 행정부가 물러가고 빌 클린턴의 배우자인 힐러리 클린턴이 국무장관을 맡은 오바마 행정부는 김대중-클린턴의 구상을 실현할 능력이 있었지만 우리 대한민국 정부는 미국 민주당 정부와 손발을 맞출 파트너가 아니었다.

국가 안보, 국민의 안전을 보호하는 일

안보에는 진보·보수가 따로 없다.
국민의 안전을 보호하는 일이 바로 국가 안보다.
만약 남북 사이에 국지전이라도 일어나서
진짜 전쟁으로 확대된다면 어떤 일이 벌어질 것인가?
전쟁이 나면 모든 게 잿더미가 되고,
10년, 20년 긴 시간 동안 쌓아올린 것도
전쟁 한 번이면 다 무너져 물거품이 된다.

대한민국이라는 나라는, 특히 한반도 지형은 전쟁에 너무나 취약하다. 만약 전쟁이 난다면, 전쟁터 한복판에 인구의 절반이 밀집해 산다. 전쟁

사상 어느 곳에서도 유례를 찾아보기 어려운 조건이다. 연세대 문정인 교수의 연구에 따르면 한반도 전쟁 발생 시 최소 5백만 명이 사망한다고 한다. 우리 삶에서 가장 중요한 것이 생명 아닌가? 이렇듯 남북 관계는 사느냐 죽느냐, 생존 문제와 직결된다. 어떤 경우에도 전쟁이 일어나서는 안 된다.

대한민국 사회가 안고 있는 여러 가지 사회 모순, 병폐, 불평등 구조, 갑질 등을 모두 합친 것과 맞먹는 무게를 가진 문제가 바로 한반도 평화다.

평화를 위한 길은 따로 없다. 평화가 곧 길이다.

평화로 가는 길을 하나하나 따져보자. 지금 북한을 지배하고 있는 김정은 체제가 대책 없이 무너진다면 어떻게 될까. 이게 과연 우리에게 좋기만 한 일일까? 북한 정권은 무력 충돌 없이 조용히 붕괴되지 않으리라 예상한다. 북한 체재를 장악해온, 현재 체재를 유지하기 바라는 세력들이 모든 것을 내려놓고 순순히 물러나는 상황을 나는 상상할 수 없다. 겪어왔듯이 북한은 미국, 중국, 일본, 러시아 등지의 이해가 부딪히는 곳이다.

나는 언제 끝날지 모르는 내전으로 처참한 희생과 파괴와 혼란에 휩쓸린 시리아를 떠올려본다. 우리는 모두 알고 있다. 유럽 난민 문제 때문에 영국이 EU 탈퇴 문제로 국민투표를 실시했다. 독일 정부는 2016년 한해 발생할 난민 수를 80만 명으로 잡았다.

북한 체제가 망하면 북한 주민들은 바로 난민이 된다. 50만 명, 백만 명이 뗏목 타고 내려와 한강변에 텐트를 치고 난민촌을 꾸릴 수도 있다. 인도적 차원에서 천막을 헐어버릴 수는 없다. 그 상황을 우리가 어떻게 감당해야 할까? 그들이 먹을 식량은 어떻게 조달하고, 화장실 등 위생 문제는 어떻게 처리해야 하나? 한강 주변 동네에는 군인을 주둔시켜 치안 문제를 해결해야 할까? 아주 복잡한 문제가 꼬리에 꼬리를 물고 생겨나게 된다.

북한 붕괴를 주장하는 사람들은 이런 상황을 생각해보기는 했을까. 북한이 급작스럽게 붕괴하면 우리에게는 재앙이다. 그렇기 때문에 대한민국 정부는 남북 관계를 반드시 평화적으로 유지해야 한다.

북한을 만난 세 장면

그런데 이런 의심이 있다. 북한을 어떻게 믿나?
북한이 한반도 평화를 원한다는 것을 확인할 수 있나?
북한과 협상하면 과연 평화가 올까?

핵무기를 만들어 우리를 위협하고 미사일로 도발하는 북한을 대화 상대로 인정해야 할까? 그 답을 얻기 위해 북한을 만났던 몇 장면을 떠올려보자.

___ 장면 1

2007년 노무현 대통령이 평양에 가서 김정일 위원장과 10 · 4 남북정상회담을 했다. 회담을 마치고 노 대통령이 김 위원장에게 "개성공단에 가서 작별인사를 합시다."라고 제안했다고 한다. 그러자 김 위원장이 화를 내며 이렇게 말했다고 한다. "내가 무슨 면목으로 개성공단에 가서 작별인사를 한단 말이오? 혼자 내려 가시라우."

왜 김 위원장은 개성공단에 가기 싫다고 했을까? 개성공단 입주 당시 우리 남쪽 노동자의 평균 임금은 3백만 원이 넘었다. 북쪽 노동자 임금은 단돈 미화 50달러(6만 원)였다. 같은 일을 하는데 임금 차이가 이렇게나 컸다. 중국 임금은 40만 원 정도 된다. 그래서 북은 이렇게 주장했다. '왜 남쪽 기업은 베트남, 중국 가서 40만 원씩 월급 주면서 같은 민족, 같은 피인 우리에게는 6만 원 밖에 안 주는가.'

1997년 한국 경제가 위기에 빠져 IMF 구제금융을 요청했을 때 부도난 여성 의류 회사 신원에벤에셀은 개성공단에 진출한 지 몇 년 만에 빚을 모두 갚아버리고 무차입 흑자 경영을 했다. 로만손 시계도 개성공단에 가서 성공했다. 개성에서 일하는 북한 노동자들은 이런 상황을 모르지 않았을 테다. 한국 기업이 중국에서는 더 높은 임금을 주고, 개성공단에 온 한국 기업들이 돈을 잘 벌고 있다는 사실을. 그래서 임금 협상의 북측 최종 결정권자였던 김정일 위원장은 노무현 대통령에게 개성공단 북한 노동자들을 만날 면목이 없다고 했다.

북한이 한국 기업과 한국 노동자들을 받아들였고, 어찌 보면 자존심 상할 조건까지 감수했다는 사실은 북한이 개성공단을 중요하게 여겼기 때문이라고 봐야 한다.

2010년 이전까지 개성공단은 큰 충돌 없이 돌아가고 있었다. 2016년 개성공단이 폐쇄되기 전까지 북한 노동자들 임금이 좀 올랐다. 그러나 20만 원 수준에 머물렀다.

장면 2 ___

2006년 당시 정동영 통일부 장관이 평양을 방문해서 김정일 국방위원장과 만났다. 앉자마자 정 전 장관이 김 위원장한테 얘기했단다. "북한은 우리 민족끼리 통일하자 그러면서 왜 통미봉남(通美封南) 합니까? 이거 잘못된 거 아닙니까? 과거에 분단이 될 때는 그랬다 치더라도 미래에 통일하려면 남과 북이 서로 힘을 합쳐서 주체적으로 해야 하지 않습니까? 그런데 왜 북은 자꾸 미국하고만 대화하려고 하고 남쪽을 무시합니까?"

이 말에 김 위원장은 이렇게 답했단다. "당신 배짱이 있습니다. 좀 더 길게 대화를 해야 되겠습니다." 그래서 원래 한 시간으로 잡혔던 면담이 다섯 시간을 넘겼다. 미국하고만 대화하려 하고 남쪽을 봉쇄하는 것은 잘못되었다는 대한민국 장관 말에 면담 시간을 다섯 시간으로 늘렸다는 사실은 대화하자는 상대에게는 언제든 열려 있는 태도를 보여준다고 생각한다.

정 전 장관은 남북 철도 연결 문제를 화제로 올렸다. 김 위원장은 "혁명의 수도 평양을 통과하려면 응당한 대가를 치러야 합니다."고 하더란다. 그 응당한 대가가 바로 김대중-클린턴 그랜드 플랜에 나왔던 북-미 수교, 북-일 수교, 일제 배상금 110억 달러, 비핵화, 불가침선언, 평화협정이다.

노무현 정부 말기 우리 땅에서만 남북 열차 시험 운행을 했다. 남북 철도가 연결되면 우리에게는 어떤 이익이 있을까? 손기정 선수는 금메달을 목에 걸었던 베를린 올림픽에 서울역에서 기차를 타고 갔다. 남북 구간만 연결되면 유럽의 베를린, 파리, 런던까지 모조리 기차로 갈 수 있다. 우리 자식, 손주들이 이 땅에서 기차를 타고 평양을 거쳐 유럽으로 수학여행을 갔다 올 기회가 열린다는 얘기다.

경제적으로도 우리나라가 대륙의 이점을 누릴 수 있게 된다. 우리나라 상품의 유럽 수출길이 짧아지고, 일본의 대유럽 수출 물동량도 남북 구간 철도를 이용하도록 끌어올 수 있다. 현재 일본을 출발한 수출품이 유럽까지 가려면 배로 40일 걸린다. 남북 철도가 연결된다면 부산을 경유해 14일 걸린다. 26일이라는 시간과 그동안의 물류비가 절약되니 유럽 시장에서 일본 상품의 가격경쟁력이 높아질 테고, 일본은 기꺼이 남북 철도를 이용할 것이다. 우리와 북한은 통행료를 받을 수 있다.

북쪽 구간에서 기차가 시속 80킬로미터 이상을 내도록 철로를 교체하려면 4조~5조 원 정도 공사비가 든다. 한반도 평화를 생각하면 그 돈이 아깝지 않다.

장면 3

1998년 정주영 명예회장과 김정일 위원장이 개성공단 계약서에 서명할 때 나누었던 대화가 유명하다. 정 회장이 김 위원장에게 물었단다.

> "개성공단이 계획대로 완성되면 남쪽에 있는 창원시와 규모가 똑같습니다. 8백만 평 공장 부지에 1천2백만 평 배후 도시가 생기고, 노동자 30만 명이 일하게 됩니다. 그런데 개성공단 주위 출퇴근이 가능한 지역인 개성시, 개풍군 인구를 다 합쳐도 30만 명이 안 되는데 노동자들을 어떻게 다 충당하려고 하십니까?"

김정일 국방위원장이 잠시의 멈칫거림도 없이 말하더란다.

"그거 간단합니다. 인민군대 옷 벗겨서 보내면 됩니다."

우리에게 총을 겨누던 군인을 전역시켜 우리 기업에서 일할 노동자로 보내겠다는 말이다.

개성공단과 군사분계선 사이의 최단 거리는 2.5킬로미터이다. 말하자면 남침 경로이니 개성공단과 휴전선 사이에 배치된 남침용 무기가 많았을 것이다. 그게 다 개성공단 뒤로 물러났다. 한국군 전방 부대를 공격할 목적으로 개성공단 근방에 주둔하던 부대들도 최소 10킬로미터 이상씩 북쪽으로 옮겨갔다.

금강산도 마찬가지다. 배를 타고 금강산을 가려면 장전항에 내리는데, 그곳은 산으로 둘러싸인 천혜의 요새 항구고 북한의 최남단 해군기지였다. 역시 그곳에 있던 모든 무기를 후방으로 밀었다. 이런 조치로만 보면 북한의 다른 입장을 확인할 수 있지 않은가?

나는 2013년에 개성공단을 방문했다.
정·배수장에 가보았더니 한국수자원공사 직원 7, 8명이
북쪽 노동자 3,40명을 지휘하고 있었다. 개성공단 소방서에도
대한민국 소방수 7,8명이 북쪽 소방수 3, 40명과 함께 일하고 있었다.
같은 사무실에 앉아서 같이 수다도 떨고, 차도 마셨다.

헌법에서는 북한도 우리 영토이다. 단지 미수복 지역일 뿐이다. 북한은 우리 법률상 반국가 괴뢰 단체다. 북한 사람과 대화하면 국가보안법으로 처벌받을 수 있다. 그러나 남북 교류에 관한 특별법으로 개성공단 등 북한 땅을 밟는 한국 국민은 처벌 예외 대상이다. 안타깝고도 답답한 분단 현실이다.

북한 땅에 이런 개성공단이 열 개가 생긴다고 생각해보자. 개성공단과 그 배후 도시 면적 총합이 2천만 평이니 북한 영토 2억 평에서 북한 노동자 270만 명과 남쪽 노동자 30만 명이 함께 일한다(개성공단 계약 당시 전체 노동자 중 10퍼센트는 한국 노동자로 할당). 우리를 노리던 많은 북한 부대가 더 더 더 북쪽으로 밀려갈 테고 더 더 더 많은 북한 군인이 총을 내려놓고 북한 곳곳에서 우리 국민과 함께 일하게 된다. 그 상태에서 전쟁 날 수 있을까?

나는 이보다 더 확실한 안보를 알지 못한다.

한때 서독에는 할슈타인 원칙이란 것이 있었다. 동독 정부를 승인하는 어떤 나라와도 외교 관계를 맺지 않는다는 외교 정책이었다. 소련만 예외였다. 중국과 대만도 예전에는 이 원칙을 따랐다. 그래서 대한민국은 대만하고만, 북한은 중국하고만 수교했다. 중국과 대만은 앙숙이었지만, 지금 둘의 관계는 확연히 달라졌다. 중국-대만 양안을 오가는 비행기가 일주일에 2백 편이 넘는다. 왕래가 자유롭고, 중국으로 이주한 대만인의 수가 2백만 명에 이른다고 한다. 이제 중국과 대만이 무력으로 충돌하는 상황은 없으리라 본다. 남북 관계도 이 정도만 되면 소원이 없겠다.

빌리 브란트 수상의 정책 보좌관으로 동서독 통합을 이뤄낸 동방 정책을 함께 이끈 에곤 바르 박사라는 분이 있다. '통일의 창시자(독일의 〈슈피겔〉)', '동방 정책 실현에 핵심 역할을 한 인물(영국 〈가디언〉)', '동독의 공산주의자들에게 접근해 변화 정책을 실천한 서독 동방 정책의 제창자(영국 〈텔레그래프〉)', '독일 통일의 기초를 마련한 장본인(미국 〈뉴욕타임스〉)'라고 평가 받는 인물이다. 그런 그가 "우리도 한번도 생각하지 못한 모델이 개성공단이다. 개성공단을 끝까지 밀고 가다 보면 통일이 보일 것이다."라는 찬사를 보냈다. 그만큼 개성공단과 금강산 관광이 남북 관계에서 획기적인 변화와 발전을 이끌 원동력이다. 두말할 나위가 없다.

그래서 나는 이명박 정권, 박근혜 정권이 아무리 남북 관계를 파탄내도 개성공단은 닫지 못하리라고 생각했다. 개성공단을 반짝반짝 빛나는 희망의 불씨이자 통일의 불씨로, 팽팽한 긴장을 풀어줄 남북의 유일한 숨구멍으로 여겼기 때문이다. 그러나 그 숨구멍마저 닫혀버렸다.

남북한이 평화롭게 살아갈 수 있느냐 하는 문제에 우리의 생존뿐 아니라 우리의 지갑도 걸려 있다. 남북통일과 국가보안법 폐지 문제를 예전에는 당위적, 민족적 관점에서 바라봤다면 지금은 경제적, 생존적 관점에서도 봐야 한다. 남북 관계 긴장이 완화되어야 군비가 줄어들고 그 재원을 복지 예산으로 쓸 수 있다. 통일은 생존이고 경제다. 그리고 밥이고, 돈이다. 삶 전체를 좌우하는 문제다. 개성공단은 전쟁을 막아주는 방지턱이다. 이 문제는 아무리 영향력 있는 시민단체에서 나선들 해결할 수 없고 어느 한 정당의 힘만으로 풀어낼 수 없는 문제다. 결국 누가 우리나라 대통령을 맡느냐가 중요하다.

최근 20년 우리 역사를 보면 어느 쪽을 선택해야 평화와 통일을 앞당길 수 있는지 너무도 분명하다. 우리 생존 문제와 경제 문제를 해결하고 남북 긴장 완화와 해소 그리고 평화통일을 위해 정권 교체를 해야 한다. 대통령이 바뀌어야 한다. 남북 관계는 대통령이 앞장서서 푸는 것이 가장 빠르다. 수구 세력은 할 수 없고 진보·개혁적인 민주 정부만이 남북 관계를 평화로 이끌 수 있다. 정권을 교체해야 평화가 온다.

정 치 는 돈 이 다

좋은 정부와 나쁜 정부를 가르는 상식적인 기준 하나가
세금 징수와 예산 운용이다.
나는 세금을 돈 많이 버는 사람에게 많이 걷고
적게 버는 사람에게는 적게 걷는 정부가 좋은 정부라고 믿는다.
또한 부자보다는 가난한 국민에게
복지 예산을 많이 쓰는 정부가 좋은 정부라고 믿는다.
부자들 세금 깎아주고 서민들 세금은 올리고,
예산을 부자에게 많이 쓰고 서민에게 적게 쓴다면 나쁜 정부다.

이명박 정부는 '비즈니스 프렌들리(친기업 정책)'를 내걸고 재벌, 대기업의 법인세율을 25퍼센트에서 22퍼센트로 낮췄다. 1천억 원의 수익을 낸 기업은 원래 250억 원 세금을 냈는데 이 정책으로 30억 원을 덜 내도 된다. 그러면서 이 돈으로 공장 짓고 일자리를 창출한다고 했다.

그러나 결과적으로 일자리는 만들어지지 않았고 깎아준 세금은 재벌들 통장에 고스란히 쌓였다. 30대 대기업의 사내유보금은 2015년 기준 750조 원으로 추정된다. 사내유보금의 절반가량은 법인세를 깎아준 덕분이라는 주장이 많다. 안 그래도 배가 부른 재벌들 배를 더 불려준 셈이다.

우리는 오랫동안 이른바 '국가 산업 육성'을 위해 일방적으로 큰 희생을 강요당했다. 대한민국 국민이 공동으로 이용할 이 땅의 많은 자산이 8·15 해방 직후 극소수 몇몇에게 헐값으로 주어졌다. 대한민국 재벌은 일제가 물러간 후 그렇게 적산 불하를 통해 기반을 잡았다. 세계 어느 나라에서도 짓지도 않은 아파트 값을 미리 내지 않는다. 세계 어느 나라도 가정에서 쓰는 전기 요금을 기업에서 쓰는 전기 요금보다 수십 배 비싸게 내라고 강제하지 않는다. 아직도 한국 기업이 만든 똑같은 자동차, 텔레비전, 냉장고를 해외에서보다 비싸게 사야 한다. 재벌, 기업이 돈을 벌면 서민 경제도 좋아진다는 말은 이미 거짓으로 드러났지만 보수 정권은 여전히 우긴다.

국가 예산은 국민 세금으로 충당한다. 법인세를 깎아준 만큼 부족한 세금은 어디에서든 메워야 한다. 당연히 만만한 직장인의 유리 지갑에서 더 많이 빼간다. 법인세율 인하 탓에 기업을 소유하지 않은 서민들이 추가로 내야 하는 종합소득세가 1년에 12조 원이 넘는다.

박근혜 정부는 2015년 담뱃값을 2천5백 원에서 4천5백 원으로 인상했다. 거의 두 배다. 정부는 증세가 아니며 흡연율을 낮추는 '국민 건강 증진'을 목표로 담뱃값을 올리겠다고 거듭 밝혔다. 이를 믿는 국민은 없었다. 그 당시 정부 관계자도 일시적으로는 흡연 인구가 줄겠지만 6개월 후면 요요 현상처럼 다시 원상 복귀된다고 말했다. 서민 호주머니에서 세금을 더 가져가려는 허울뿐인 명분이었다. 담뱃값을 올린 지 6개월, 결과적으로 흡연 인구는 줄지 않았고 정부의 세수만 늘어났다. 박광온 의원에 따르면 담뱃값 인상으로 정부가 세금 6조 원을 더 걷었다고 한다. 담뱃값 인상안은 국회의장이 직권상정해 일사천리로 통과되었다. 이를 막아내지 못한 야당도 책임을 면하기 어렵다.

법인세 감면으로 일자리가 늘지 않았고 담뱃값 인상으로 금연 인구가 늘지 않았다는 건 온 세상이 다 확인한 사실이다. 제대로 된 정부라면 자기 잘못을 인정하고 법인세율을 다시 25퍼센트로 올리고 담뱃값도 2천5백 원으로 되돌려야 맞다고 나는 믿는다.

박근혜는 65세 이상 노인에게 한 달에 몇 십만 원씩 주고, 3~5세 어린이들 누리과정 보육 예산을 중앙정부가 전적으로 책임지고, 고등학교까지 의무교육에 포함시키겠다는 대선 공약을 내걸고 대통령에 당선되었다. 그러나 누리과정 예산도 지방정부가 빚을 내서 확보하라는 억지 주장을 한다. 부자 세금은 깎아주면서 증세 없이도 가능하다던 서민 복지 예산은 늘리지 않는다. 결국 헛공약이었고 복지 포퓰리즘이었다.

잘 알려지지 않았지만 담뱃값 인상 즈음 정부는 주민세(현재 1만 원 이하를 2만 원 이하로)를 1백 퍼센트 올리고 자동차세는 2백 퍼센트 인상하려 했다. 주민세는 지방의회 조례로 정하는데 지자체장들이 코앞의 선거를 의식해 눈치만 보다가 정부가 나서서 법안으로 인상해달라는 것이었다. 서민 증세였다. 안행위에서 결사 저지해 결국 백지화되었다.

정치는 돈이다. 어떤 정권, 어떤 정부냐에 따라 세금 제도가 달라지고 복지 예산도 다르게 편성한다. 국민의 99퍼센트는 개돼지라고 떠드는 고위 공직자가 있는 정부다. 이명박-박근혜 정권은 오만과 독선으로 똘똘 뭉친 1퍼센트를 떠받드는 정권이라고 나는 생각한다. 우리 99퍼센트가 좋은 정부를 만들어야 하는 이유, 정권을 교체해야 하는 이유다.

승리한 선거와
패배한 선거

우리는 지난 20년 동안 네 명의 대통령을 겪었다. 두 번은 진보 진영에서 두 번은 보수 진영에서 각각 두 명씩 대통령을 배출했다. 김대중 대통령 시대는 국민의 정부로, 노무현 대통령 시대에는 참여 정부로 명명하고 민주 정부의 기틀을 닦았다. 보수 세력은 김대중-노무현의 시대를 '잃어버린 10년'이라며 정권을 교체하자고 했다. 그 후 보수 정권 10년 동안 정치, 경제, 사회, 문화, 외교, 국방, 남북 관계 등 어느 한 분야에서도 나아진 통계 수치를 발견하기 어렵다. 보수 정권은 딱히 정부 명칭을 붙이지 않았는데, 이명박 정권을 4대강 사업의 시대, 박근혜 정권을 창조 경제의 시대로 부르면 될까? 진보 개혁 진영에서는 이명박-박근혜 시대에 어떤 이름을 붙일까. '빼앗긴 10년' 정도로 하면 어떨지.

지난 20년 간 있었던 네 번의 대통령 선거를 헌법 정신의 관점에서 돌아보고자 한다. 나는 두 번은 승리했고 두 번은 패배했다고 생각한다. 장관 인사 청문회를 보면 알 수 있다.

헌법 전문에 '우리 대한국민은 4·19 민주이념을 계승한다'고 나온다. 그러나 '4·19 민주이념'을 군홧발로 짓밟은 사건이 5·16 아닌가. 중고등학교 교과서에서도 5·16을 군사 쿠데타로 가르친다. 사실이 이렇게 명백한데도 이명박-박근혜 정권이 임명한 장관들은 전 국민이 지켜보는 청문회장에서 5·16이 군사 쿠데타란 말을 똑 부러지게 못한다. 자신을 임명한 대통령의 뜻을 거스르지 않으려는 안간힘이겠지만 그만큼 이명박-박근혜 정권이 헌법 정신에 부합하지 않는다는 점을 상징적으로 드러낸다고 생각한다.

그렇기에 이들 정권은 대한민국임시정부의 정통성을 부정하고 1948년 8월 15일을 건국절로 삼으려는 시도를 일삼고, 그 일환으로 친일 역사를 지우려는 국정 교과서까지 추진하고 있다.

수단이 목적을 압도한 시대, 특히 정치에서

전설의 팟캐스트 '나는 꼼수다'를 진행했던 김어준 총수는 《닥치고 정치》에서 '손가락으로 달을 가리키는 데 달은 쳐다보지 않고 왜 자꾸 손가락만 쳐다보느냐고 불평하지 말라.'고 했다.

수단과 방법이 사람들의 눈길을 사로잡지 못하면
목적과 목표가 아무리 좋아도 이룰 수가 없다는 뜻이다.
정치에서는 그런 경향이 더욱 강하다.

선거 전문가들은 새누리당은 35퍼센트의 콘크리트 지지층이 있고, 더불어민주당은 25퍼센트의 고정 지지층이 있다고 한다. 이에 따르면 선거는 나머지 40퍼센트 중간층을 놓고 벌이는 중원 싸움이다. 대선 때가 되면 되면 새누리당은 왼쪽으로 행군하고 더불어민주당은 오른쪽으로 행군한다. '외연 확장'이다.

그러나 중원 싸움을 똑같은 방식으로 한다면 당연히 고정 지지층이 10퍼센트나 많은 보수 세력이 승리한다. 10퍼센트 차이를 어떻게 극복할지가 바로 진보 진영의 숙제다. 지난 네 번의 대통령 선거에서 승리와 패배 요인을 돌아보고 방안을 찾아보자.

김대중 대통령 당선 의미

1997년 제 15대 대통령 선거에서 새정치국민회의 김대중 후보가
신한국당 이회창 후보를 누르고 대통령에 당선되었다.

김대중의 대통령 당선은 우리 역사상 최초의 평화적 정권 교체이자
최초의 민중에 의한 집권이었다.
김대중 대통령이 당선되자 철학자 도올 김용옥 선생은
"자민당 영구 집권으로 가고 있는 일본과 비교해
평화적 정권 교체에 성공한 우리나라가 더 앞선 형태의
민주주의를 실현했다."라고 의미를 부여했다.

김대중의 대통령 당선에는 '준비된 대통령', '든든해요, 김대중'이란 구호가 말해주듯이 후보의 역량이 압도적인 역할을 했다. 그는 한국 현대 정치사를 풍미하며 한평생 민주주의와 인권 그리고 평화를 지켰다. 갖은 고초 끝에 일생의 꿈이었던 대통령이 되고 나서, 그를 핍박하고 목숨까지 위협했던 세력을 용서했다. 인간 승리이자 역사적으로는 민주주의의 승리였다.

김대중 대통령 대선 승리 요소

IMF라는 외생변수

경제 위기와 구제금융 요청이라는 외생변수가 김대중 대통령 당선에 큰 역할을 했다. 민생이 파탄 나고 국가 부도 사태로 불안감이 온 나라를 뒤

덮었다. 구제금융을 요청해야 할 경제 위기를 불러온 원흉이 신한국당 정권이었기 때문에 당시 대선은 그 어느 때보다 정권 심판의 성격이 강한 선거였다.

__ 이인제

신한국당의 대통령 후보 경선에서 패한 이인제 후보가 경선에 불복하고 9월에 국민신당 후보로 출마했다. 이인제 후보는 득표율 19.2퍼센트로 3위에 오른다. 15대 대통령 선거에서 득표 1위 김대중이 40.3퍼센트, 2위 이회창이 38.7퍼센트였다. 기존 후보 구도에서 승리를 기대하기 어려웠던 김대중 후보를 1.6퍼센트 차이로 가까스로 당선되게 한 1등 공신은 이인제였다.

__ DJP 연합

구제금융 신청과 이인제의 출마라는 호재 속에서도 승리를 낙관할 수 없었던 김대중은 1997년 11월 3일 김종필과 DJP 연합을 전격적으로 발표해 세상을 놀라게 했다. 김종필이 누군가. 당시 자유민주연합 총재였고 과거 5·16 군사 쿠데타를 기획한 인물이다. 지지자들의 뜻과 무관한 상층 연합으로, 국무총리 직을 내주고 내각제 개헌에 합의하며 힘을 합쳐 대선을 치렀다.

TV 토론 ___

15대 대선에서 최초로 대통령 후보들이 직접 출연해 마주앉아 논쟁 형식으로 정치적 비전과 신념을 밝히는 TV 토론이 도입됐다. 뉴스라는 형태로 왜곡이나 가공을 거치지 않은, 후보 자신의 진면목을 보여줄 수 있는 아주 중요하고 효과적인 수단이 생긴 셈이었다.

TV 토론에서 김대중 후보는 정치적 식견을 유감없이 드러내며 이회창 후보를 압도했고 '용공분자 김대중', '과격한 김대중'이라는 편견을 걷어냈다. 그렇게 온 국민에게 나라를 안심하고 맡길 수 있는 안정적인 지도자, 믿음직한 김대중 이미지를 심어주었다.

또 다른 행운도 찾아왔다. 당시 인기 높았던 MBC 간판 프로그램 〈이경규가 간다〉를 진행하던 코미디언 이경규 씨가 김대중 후보가 일산 호수공원에서 아침 운동을 한다는 소문만 듣고 예고 없이 찾아 갔다. 마침 김대중 대통령을 만나 운동하는 모습을 다 찍고 인터뷰도 하며 그의 자연스럽고 진솔한 모습을 보여주었다. 이 프로그램도 김대중 후보에 대한 대중의 호감도를 높이는 데 큰 도움이 되었다. 야당 후보에게 대체로 악착같이 굴고 야박하기까지 한 언론이 준 기적적인 기회였다. 이경규 씨, 땡큐.

노무현 대통령의 당선

노무현 대통령은 대통령 후보로서 준비 기간이 길지 않았다.
김대중이 인동초였다면 노무현은 갑자기 나타난 혜성이었다.
기득권층과는 거리가 먼 고졸 출신 시골 변호사였고
야권에서도 비주류였다.
2000년 16대 총선, 부산에서 출마한 그가 낙선했을 때
그가 2년 후 대통령이 되리라 어느 누가 상상이나 했을까.

기존 정치 질서 안에서는 이방인이었던 그를 매력적인 정치 지도자로 여긴 사람들이 있었다. 노무현을 사랑하는 사람들의 모임, 노사모. 그들은 인터넷을 타고 계산 없이, 대책 없이 만나기 시작하더니 '노풍'을 만들었다. 김대중 대통령 당선이 TV토론이 준 선물이었다면 노무현 대통령 당선은 인터넷 혁명이 준 선물이었다. 김대중 대통령이 상층 정치 연합으로 승리했다면 노무현 대통령은 정치권 밖 민초들의 자발적 연대로 승리했다. 대통령리더십연구원 원장 최진 교수에 따르면 국회에서 가장 먼저 컴퓨터를 사용한 이가 노무현이라고 한다. 노무현은 국회 사무실에서 무선통신망을 가장 먼저 사용했고, 방대한 데이터베이스를 구축했다. 1990년대 중반에 완성한 인물 정보 데이터 시스템을 사용해 수많은 유권자 정보를 활용하고 일정을 관리했다. 노무현은 인터넷에 해박했고 '노하우'라는 프로그램까지 직접 만들어 사용했다.

실제로 세계 최초의 인터넷 대통령이 노무현이라고 해도 과언이 아니다. 노무현 대통령 당선 직후 세계 언론은 인터넷 대통령이 탄생했다는 뉴스를 많이 내보냈다. 영국의 유력지 〈가디언〉은 '세계 최초의 인터넷 대통령 로그온하다World's first internet president logs on'라는 기사에서 그가 HTML로 구현된 웹사이트 코드를 이해하는 세계 최초의 인터넷 대통령이라는 평을 했다. 노무현 대통령은 기득권과 자본이 미처 장악하지 못했던 신세계 인터넷이 준 커다란 변화와 기회의 수혜자이다.

인간적으로 매력 있는 후보

노무현은 처음부터 기획되고 준비된 후보가 아니었다. 급작스럽게 대통령 후보 경선에 출마하게 되어 경선 기탁금조차 겨우 마련했다. 고졸이고 국회의원도 제대로 못 해본 비주류라는 약점이 있었지만 그래서인지 더욱 강력한 폭발력을 품고 있었다. 우리는 입양아로 대학을 중퇴한 스티브 잡스의 성공에, 아프리카계 흑인 버락 오바마의 당선에, 빈털터리 싱글 마더 조앤 롤링의 성취에 환호하듯 마음으로 노무현을 응원했다.

경선 과정에서 "조선, 동아는 경선에서 손 떼라."는 외침에 열성 지지자들은 환호작약했고 장인의 과거를 빌미 삼은 공격에 "그럼 내 마누라를 버리란 말이냐? 대통령 안 하면 안 했지 그렇게는 못하겠다."고 맞서자 '멋있는 노무현'에게 여성뿐 아니라 수많은 유권자들이 열광했다.

__ 21세기 한국 정치 혁명의 꽃, 노사모

노무현의 승리에서 노사모를 빼놓을 수 없다. 대한민국 최초의 정치인 팬클럽 노사모의 탄생은 구태 정치 문화에 일대 충격파를 던졌다. 노무현이 16대 총선에서 패하자 소낙비 같은 울분을 쏟은 대중은 노사모를 결성해 참여 정부의 눈물 어린 씨앗이 되었다. 노사모는 회원들의 헌신과 열정 그리고 자발적으로 걷힌 회비와 수평적 리더십으로 운영되는 신명나는 화합의 정치 마당이었다.

이런 새로운 정치 문화 혁명을 기획하고 실행했던 사람은 정치권 인사가 아니라 양말 장수 이상호 씨(노사모 아이디: 미키루크) 같은 평범한 국민이었다. 기성 정치권에 빚지지 않고 오로지 국민에만 빚을 졌다는 노무현의 말은 세대를 관통하는 상징어가 되었다. 노사모가 있어 희망 돼지 저금통이 있었고, 노무현은 검은 돈에 얽매이지 않은 깨끗한 정치를 할 수 있었다. 노사모는 노무현 승리의 커다란 동력이었다.

__ 감동이 낳은 감동

대통령 경선과 본선에서 노무현은 기득권의 벽에 부딪치면서도 멈추지 않고 나아갔다. 지지자 그룹도 노무현의 옆에 서서 어깨를 걸고 함께 나아갔다. 온몸으로 기득권의 질서에 맞섰다. 노무현에 감동받은 노사모가 헌신했고, 그들의 열정에 감동받은 사람들이 더 많이 모여들었다. 이 지지자 그룹이 기존 민주당 대의원 구조와는 다른 순수 국민 참여 경선 선거인단이 되었다. 노무현 경선 승리는 이들이 이룩한 승리였다.

그러나 갑자기 정몽준이 등장해 노무현의 지지율이 떨어지자 기성 정치인들, 민주당의 기득권 국회의원들은 민주적 절차로 뽑힌 노무현을 끌어내리고 정몽준으로 후보를 바꾸고자 후보단일화추진협의회(후단협)를 만들고 심지어 공개적으로 정몽준 지지를 선언하고 탈당까지 했다.

이 준동에 맞서는 힘도 정치권 밖에서 생겨났다. '노무현 일병 구하기'는 기성 정치권, 국회의원들이 아니라 깨어 있는 시민이 주도한 유쾌한 정치 반란이었다. 그 중심에 유시민이 있었다. 감동은 감동을 낳는다.

세상을 울린 노무현의 눈물 ___

2002년 월드컵 열기를 발판 삼아 정몽준의 지지율이 급상승했고 전 국민의 눈과 귀가 쏠린 합의 과정에서 노무현 후보는 불리한 여론조사를 전격 수용하는 배포를 보였다. 마침내 후보단일화가 성사되었다. 선거 막판에 이르러 정몽준이 지지를 철회해버리자 사태를 수습하러 찾아간 정몽준의 집 앞에서 노무현은 문전박대를 당했다. 이 모습이 대선 TV 광고 '노무현의 눈물'과 오버랩되면서 많은 국민이 노무현의 눈물과 당당

함에 감동했다. 유권자의 표심이 움직였고 마침내 정몽준을 털어내며 노무현이 승리했다.

정 동 영 패 배

대통합민주당에게 2007년 대선은 백약이 무효였다.
새롭게 도입된 모바일 경선으로 정동영이 대선 후보가 되었지만
한나라당 이명박 후보를 이길 수 있다고 믿는 사람은 없었다.
이회창 후보가 탈당해 출마를 선언하고 BBK 주가 조작 사건의
김경준이 귀국했지만 결과는 참담했다.
BBK 저격수 정봉주 의원은 억울한 옥살이를 해야 했다.
이명박 후보 48.7퍼센트, 정동영 후보 26.1퍼센트,
표 차이는 무려 532만 표에 달했다. 모든 면에서 완전히 진 선거였다.
정동영 후보 개인에게 모든 책임을 돌리기에는 너무나 큰 패배였다.

정권 심판론 앞에서는 속절없었다. 그러나 그렇게 큰 표 차이로 진 데는 신통치 않았던 선거운동 전략이 한몫했다. 2002년 인터넷 대통령을 배출한 정당이 인터넷 공간에서도 밀리고 BBK에 너무 매몰된 나머지 다른 공약이나 비전을 제시하지 못했다. 악화가 양화를 구축한다고 참패가

예견되다 보니 지지자들도 힘을 잃고 손을 놓아버렸다. 후보 캠프만 바쁘고 발을 동동 굴렀던 선거였다. 2002년의 감동은 온데간데없고 실망만 쌓였다.

대선 캠프의 가장 중요한 조직이었던 가족행복위원회의 '가족행복'이라는 대표 슬로건이 전혀 먹혀들지 않고 '문화가 돈이다 평화가 돈이다'는 제법 그럴듯한 공약도 아는 사람이 없었다. 역사란 참 아이러니하다. 정동영의 공약 '가족행복'은 박근혜가 '가정행복'으로 리바이벌했다. 박근혜는 국민 행복 시대를 열겠다며 가정행복 공약을 내걸었다. 국민 항복 시대가 되어버린 현실이 아이러니 하지만 좋은 공약이긴 했다. 2007년 대선, 그것은 악몽이었다.

문 재 인 패 배

2012년 제18대 대선은 회한이 많은 선거다. 문재인 후보 스스로가 말했듯이 이길 수 있었던 선거에서 졌다. 역사에서 '만약'이란 가정은 허무하지만 남은 아쉬움은 크다. 국정원 댓글 공작이 없었다면, 2012년 12월 16일 밤, 경찰의 허위 수사 결과 발표가 없었다면 승패가 바뀌었을까? 이런 의문을 가진 사람들이 많았던 모양인지, 그 가정을 전제한 여론조사가 있다.

2013년 11월 여론조사 전문기관 리서치뷰는 인터넷신문 〈뷰앤폴〉과 함께 인천 시민 1천여 명을 대상으로 여론조사를 했다. 인천 시민을 여론조사 모집단으로 삼은 이유는, 리서치뷰 분석에 따르면 1987년 13대 대선부터 18대까지 6차례의 대통령 선거 모두 인천에서 1위를 차지한 후보가 당선됐으며, 18대 대선에서도 박근혜, 문재인 후보의 전국 평균 득표율과 거의 일치하는 득표율 수치를 보였기 때문이다.

이 조사에서 경찰이 국정원 수사를 사실대로 발표했을 경우 박근혜를 찍었던 인천의 유권자 가운데 13.8퍼센트가 문재인을 찍었으리라 응답했다. 이를 전국 여론으로 확대해 적용해보면 박근혜는 44.43퍼센트, 문재인은 55.14퍼센트를 득표해 승리자가 바뀌었으리라는 결과가 나왔다. 그렇다고 대선 패배 원인을 부정선거로 모두 돌릴 수는 없지만 이런 가능성도 있었다는 얘기다.

나는 다음 대선에서 꼭, 기필코, 반드시 이기고 싶다. 더불어민주당 당원, 지지자들만을 위해서가 아니라 우리 모두를 위해, 앞으로 이 땅에서 살아갈 미래 세대를 위해서도 이겨야 한다고 믿는다. 그러니 대한민국의 법, 민주주의의 기본 원칙 그리고 정권 교체를 열망하는 지지자들의

국정원 선거개입,
경찰 수사 발표가 대선에 미친 영향

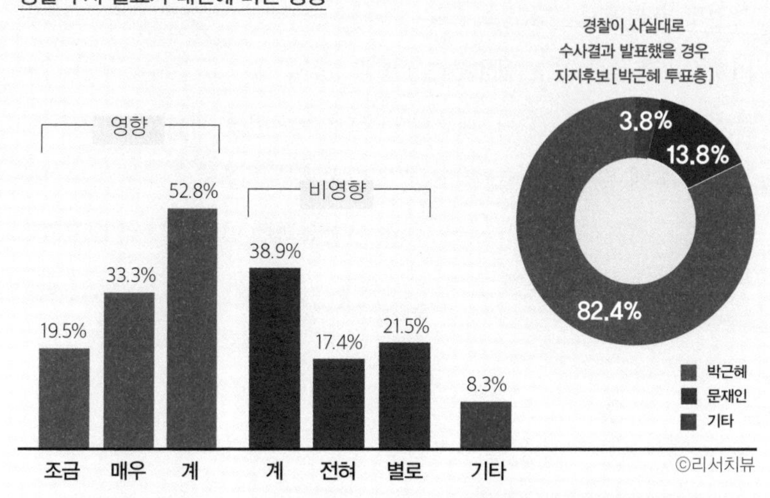

자존심이 허락하는 한, 할 수 있는 모든 방법을 동원해야 한다고 믿는다. 패배에 다른 원인은 없었는지 냉철하게 살펴보자.

첫째, 문재인은 대통령 후보로서 준비 시간이 절대적으로 부족했다. 당의 대선 후보 경선이 늦어져 9월 16일에 후보로 결정되고 나서 투표일까지 남은 시간은 겨우 90일이었다. 게다가 9월 19일 무소속으로 대선 출마 선언을 한 안철수와 후보 단일화를 확정 지은 날짜가 11월 23일이었다. 후보로서 준비하고 발로 뛸 시간이 절대적으로 부족했다.

상대 후보 박근혜는 그보다 훨씬 빠른 8월 20일 이미 대통령 후보로 확정되었다. 후보 확정일로 보면 30일, 후보 단일화한 날로부터는 90일이 더 많았다. 노무현 대통령은 5월에 경선을 끝내고 2백 일 동안 전국을 순회할 시간이 있었다. 대통령 후보가 그 지역을 방문했느냐 아니냐가 득표율에 많은 영향을 준다. 문재인 후보는 유권자를 찾아가 얼굴을 마주보고, 눈을 맞추고, 손을 맞잡고, 대화를 나누는 직접적인 스킨쉽을 할 시간을 확보하지 못했다.

둘째, 인간 문재인의 힘과 매력을 보여주지 못했다.

유권자와 직접 만날 기회가 부족한 문재인 후보에게 TV 토론은 너무나 중요했다. 박근혜 후보가 토론에 약하리라는 점은 누구나 예상할 수 있었으니 반전할 수 있는 절호의 기회로 삼아야 했다. 토론에서는 우위를 차지했지만 결과적으로 TV 토론은 마음을 정하지 못한 유권자들에게 '문재인? 글쎄?'라는 희미한 인상만을 남겼다. 이정희 후보가 '박근혜를 떨어트리려 나왔다.'라고 말하는 순간 그것을 점잖게 만류하는 모습을 보이지 못한 점이 두고두고 아쉽다. 야당 열성 지지자들이 그순간 속 시원해했을지 몰라도 많은 사람들은 이를 결정적 패인으로 꼽았다.

사실 TV 토론에서는 정책 대결로 승부가 갈리지 않는다. TV 토론은 정견을 발표하고 상대방과 자신의 차이를 드러낼 기회이지만, 시청하는 유권자들에게 깊은 인상을 남겨 그들의 마음을 사로잡아야 하는 절대절명의 무대다. 그런 면에서 이정희 후보에 대한 대처는 두고두고 아쉽다.

셋째, 국회의원과 지역위원장들이 내 선거처럼 뛰지 않았다.

지난 대선 때 각 선거구별 문재인 후보와 총선 지역구 국회의원의 득표율과 득표수를 보면 극명하게 드러나는 사실이 있다. 국회의원, 지역 위원장들이 내 선거처럼 뛰지 않았다.

누구를 찍을지 결정하지 못한 유권자들은 지역구 국회의원이나 지역위원장들이 얼마나 열심히 선거운동을 하는지를 보고 결정한다. 더군다나 2012년 대선처럼 초박빙 선거에서는 더더욱 그러하다. 전국 각 지역의 국회의원들이 자기 선거처럼 뛰었더라면 결과는 어땠을까?

넷째, SNS 시대에 SNS 대책이 없었다.

참 아이러니하고도 마음 아픈 일이다. 문재인 캠프에서는 SNS 선거 대책이 없었고 국정원과 국방부는 SNS를 활용해 불법으로 관권 선거를 했다. SNS로 문재인 지지를 끌어내고, 압도적이고 뜨거운 반응을 조직해 표로 연결해 낼 그릇이 문재인 캠프에 없었다. 오바마 대선 캠프의 SNS 대책을 벤치마킹해 20만 SNS 자원봉사자 그룹을 만들자는 제안이 있었고, SNS 전문가들도 있었지만 말도 되지 않는 이런저런 이유로 실행되지 못했다. 지금 생각해도 안타깝다.

다섯째, 문재인 대선 후보에게는 선대위원장이 없었다.

선거는 전생이다. 전쟁에서 사령관이 없다면 병사들은 누구의 지휘를 받아야 할까. 사령관이 없으면 말 보태는 사람들이 많고 그러다 보면 우왕좌왕, 갈팡질팡, 오합지졸이다. 대선 과정에서 안철수 측의 집요한 요구로 이해찬 당 대표도 사퇴한 마당에 중앙선대위원장이 없었다. 있기는 있었다. 열 명이나. 공동 선대위원장이 열 명이란 이야기는 결국 아무도 없다는 뜻이다. 맨 앞에서 지휘하고 가장 마지막까지 책임질, 그런 선대위원장 한 명이 없었다.

전쟁에서 승리하면 공(功) 다툼을 하고 패배하면 책임 미루기를 한다고 한다. 정청래가 왜 지난 20년 4번의 대선을 복기하는가. 누구의 책임이 큰지 묻기 위해서가 아니다. 다음 대선에서 기필코 승리하려면 실패하거나 실수한 선거 전략을 도려내고 일신하자는 뜻이다.

2017년 대선 어떻게 이길 것인가

대선이 밥 먹여 주나? 그렇다. 대선이 밥을 먹여 주기도 하고 밥줄을 끊어 놓기도 한다. 이명박 정부 초기 이른바 좌파 문화 예술인 척결을 담은 비밀 문건이 나와 시끄러웠던 적이 있다. 이명박 정권을 반대하는 좌파 문화 예술인들은 대부분 가난하니까 지원을 중단해 활동을 못하게 하자는 것이 척결 방법의 핵심이었다.

집회 시위에 참여한 시민에게 벌금형을 때리는 것도 결국 '밥줄 공세'의 일환이다. 눈에 보이지 않는 교묘한 탄압이 '밥줄 협박'이다. 남북 관계와 세금이 먹고사는 문제이자 정치이고, 어떤 정권이 들어서는가에 따라 밥줄도, 우리 사회 민주주의와 대한민국의 위상도 직접 영향을 받는다. 대선의 최종 목표는 99퍼센트 국민의 이익을 지키는 것이다.

1순위 전략, 타임라인

2002년 새천년민주당의 대선 경선은 5월에 실시했다.
5월 정도에 경선을 마쳐야 후보가 시간을 갖고 준비할 수 있다.
그러려면 더불어민주당 대통령 후보 경선 규칙은 아무리 늦어도
3월에는 확정해야 한다. 그 전 단계로 각 캠프 대리인들이 모여
경선 규칙을 정하는 룰 미팅은 1월부터는 시작해야 한다.
경선 규칙을 확정하는 데 짧으면 한 달, 길면 두 달이 걸린다.

대선에서 승리하려면 잡음 없이 경선을 치르고 패자는 아름답게 승복해야 한다. 그러려면 경선에 참여하는 각 진영에서 유불리에 따라 달리 주장하는 규칙들을 세세하게 협의하고 조율해야 한다. 경선 룰 미팅은 치열하고도 고도로 계산된 샅바 싸움이기에 지루한 공방전으로 흐를 수 있다. 시간 소모와 분란을 줄이려 당 차원에서 과거의 경험을 바탕으로 미리 가이드라인을 만들어놓을 수도 있겠지만 오히려 가이드라인이 분란을 일으킨 경우도 있다. 주의해야 한다.

예를 들면, 모바일 경선은 시대의 대세지만 불리하다고 여기는 측에서 도입을 반대하기도 하고, 당원과 국민의 경계를 허물고 완전 국민 경선제로 하자는 쪽과 '정당의 주인은 당원'이니 당원 비율을 높이자는 주장이 맞서는 전통적인 논란이 되풀이될 가능성도 높다. 이미 당헌당규에

'당직은 당원에게, 공직은 국민에게'라는 규정이 있지만 놀랍게도 논란이 된다.

경선 때 매번 빠지지 않는 쟁점만 추려보았다. 몇 명을 컷오프해야 하나? 컷오프 선거인단은 어떻게 구성할까? 컷오프 경선은 여론조사인가? 여론조사라면 국민과 당원의 비율은 어떻게 나눌까? 경선을 어느 지역에서 시작하고 어디에서 마지막으로 치러야 할까? 투표는 현장 투표로, 아니면 온-오프라인을 결합한 형태로 진행해야 할까? 경선 선거인단은 어떻게 구성해야 하나? 선거운동 방식은 어디까지 허용할까?

대선 경선에 참여하는 모든 후보들이 해볼 만하다, 지더라도 승복할 수 있겠다, 라고 받아들일 만한 공정한 룰을 만들어야 한다. 경선 룰을 확정하기도 어렵지만 집행하는 것도 굉장히 어렵다. 당 대표와 당 선거관리위원회의 역할이 정말 중요하다.

승리냐 패배냐, 당 대표 손에 달렸다

당 대표가 공정하고 선명해야 이긴다.

대선에서 당 대표의 첫 번째 역할은 두말할 필요 없이 공정한 경선 관리다. 공정해야 패자가 승자와 하나가 될 수 있기 때문이다. 대선 경선에 관심과 이목을 집중시켜 대선 판도를 뒤흔들어야 한다. 하지만 자칫 잘못하면 경선을 시작하기도 전에 분란과 흥행 실패의 전주곡을 울리며 맥 빠진 선거가 될 가능성이 높다. 2002년 처럼 당 대표의 공정한 카리스마를 기대한다.

__ 후보 공약 전에 당 공약

대통령 선거는 대통령을 뽑는 선거일 뿐 아니라 집권 여당을 뽑는 선거이기도 하다. 유권자에게는 그 당이 어떠한 깃발을 내걸었는지, 어떤 경로로 정권을 잡을 계획인지도 중요하다. 대선 후보가 결정되기 전에, 대선 후보 공약이 나오기 전에 당이 당의 공약을 내걸고 후보가 그걸 받아들이게 해야 한다. 경선에 나온 어느 후보가 당의 집권 공약을 잘 실행할 수 있을지 겨루게 해야 한다.

후보의 개인기와 당의 정책이 찰떡궁합이 되어 집권해야 이상적이지 않을까. 당이 미리 중요 공약을 낸다는 것은 공약으로서의 견고성과 신뢰성 확보라는 차원에서 중요하다.

따라서 당 대표는 대선 경선에 앞서 굵직굵직한 대선 공약을 미리 다듬어 놓아야 한다. 당의 정치 노선과 관계없이 후보가 불쑥불쑥 즉흥적으로 공약을 내걸어 문제가 된 적이 한두 번이 아니다. 국회의원 정수를 줄이겠다, 지방의원 정당 공천제를 없애겠다, 국회의원 세비를 깎겠다

등등 바람직하지도 않고 지켜지지 않을 공약이 남발되지 않도록 미리 조율해야 한다.

확실한 역할 분담 ___

당 대표는 정당의 정체성 강화에 집중해야 한다. 야당은 야당스러워야 하고 여당은 여당스러워야 국민들이 표를 준다. 여당이 집권당으로서 책임지는 정치를 해야 한다면 야당은 집권당의 잘못된 정책을 제대로 반대하고 막아내서 국민의 피해를 최소화해야 한다. 이렇게 야당으로서 할 일을 제대로 할 때 야당으로서의 선명성과 정체성이 국민 사이에 뚜렷하게 자리 잡을 수 있다. 그래야 진보 개혁 진영의 지지를 탄탄하게 확보할 수 있다. 민주당 당 대표가 확실하게 '좌클릭'을 해놔야 후보는 '우클릭'을 해도 외연 확장이 된다.

아무래도 대통령 후보는 외연 확장과 중원 싸움을 위해 정치적 지향에서 유연함을 보여줄 필요가 있다. 그러나 정치에도 타이밍이 중요하다고 했던가. 아무 때나 오른쪽 날개를 펴면 핵심 지지층이 떠난다. 핵심 지지층의 안정적 지지를 업은 다음 중원으로 나가야 한다. 그때 당 대표가 진보성과 개혁성, 선명한 정체성을 굳게 지켜 핵심 열성 지지층에게 믿음을 주어야 한다. 당 대표는 왼쪽 날개를 맡고 후보는 오른쪽 날개를 맡아야 높이 날 수 있다.

대선 후보가 이런 역할 분담 없이 관성적으로 오른쪽으로 급하게 방향을 틀어버리면 좌초할 수 있다. 이럴 때 당 대표가 평형수 역할을 해야 한다. 대선 시기에는 왼쪽에서 신뢰를 받는 당 대표의 역할이 정말 중요하다. 정말 이기겠다는 당 대표라면 짊어져야 할 막중한 역할이다.

대선 후보가 결정되면서 그가 곧 당 대표를 맡은 적이 있다. 나는 대선 후보가 당 대표를 맡는 것에 반대한다. 위기가 닥쳤을 때 그 화살을 한 사람이 다 맞아야 하니 대단히 위험하다. 당 대표는 과정에서 욕을 먹고 결과에서 칭찬받아야 한다. 당 대표는 대통령을 향해 뛰는 후보를 돕는 1급 참모, 보디가드, 페이스메이커가 되어야 한다. 이런 전략적 역할 분담이 절대적으로 필요하다.

__ 2012 경선, 아픈 반면교사

경선을 치르는 후보는 선수일 뿐 아직 대표가 아니다. 대선 후보가 뽑히기 전까지는 당 대표가 전적으로 당의 권력을 쥐고 지휘하고 통솔해야 제대로 돌아간다. 당 대표는 공정하고 중립적이어야 하지만 문제가 터지면 바로바로 단호하게 해결을 해야 한다.

2012년 대선 경선 때 일어났던 문제를 한 가지 이야기하려 한다. 나는 2012년 대선 경선 기획단에서 모바일 경선을 설계했고 경선 선거관리위원회 모바일 경선 담당 부위원장을 맡았다. 모바일 경선은 불리한 쪽에서 항상 불신의 눈으로 경계하고 종종 결과에 전혀 영향을 미치지 않는 단순한 기술적 실수를 빌미로 본질을 흔들려 한다. 지난 대선 경선에서도 여지없었다.

경선에 뛰어든 후보는 문재인, 손학규, 정세균, 김두관, 박준영, 다섯 명이었다. 모바일 경선 질문 값과 응답 값에는 당연히 각각 5명의 후보가 들어 있었다. 그런데 박준영 후보가 중도 사퇴를 했다. 질문 값은 후보 4명으로 고쳤는데 불행하게도 응답 값을 미처 고치지 못했다. 그러니 모바일 경선에 대한 응답 값은 모두 0으로 처리되었다. 사고였다.

모바일 경선을 시작한 지 30분 만에 알아차렸다. 모바일 경선 선관위 책임자로서 모바일 경선을 진행하는 업체로 달려가 상황을 꼼꼼히 확인하고 부랴부랴 각 캠프 책임자를 불러 모았다. 이런 일일수록 빨리 투명하게 처리해야 오해와 불신이 적기 때문이었다. 질문 대상에는 4명, 응답 칸에는 5명, 이런 실무적 착오가 있었음을 설명했다. 응답 값을 4명으로 수정하고 그 자리에서 각자의 핸드폰으로 다시 실험을 했다. 실험 결과, 경선 결과에 전혀 영향을 미치지 않음을 일일이 확인하고 각 캠프 책임자 모두가 '문제 없음, 문제 제기하지 않겠음'이라는 내용으로 합의 각서를 썼다. 혹시나 하는 걱정에 굳었던 몸에서 그제야 힘이 빠져나갔다. 정말 아무 문제가 없을 줄 알았다.

그런데 다음날 아침, 경선을 시작하는 제주도에서 한 후보 진영에서 모바일 부정 선거가 일어났다고 경선 보이콧 운운하며 분란을 일으켰다. 직접 두 눈으로 확인한 10여 명이 있고, 한 자리에서 함께 작성한 똑같은 내용의 합의 각서 5장이 버젓이 있는데, 참 이해할 수 없었다. 억지 주장으로 당의 운명이 걸린 경선을 서슴없이 극심한 위험에 빠트리려는 행태는 황당하기까지 했다. 당 안에 모바일 경선 진상조사 위원회까지 만들어 조사한 일도 받아들일 수 없었고, 문제가 발견되지 않았는데도 아무 조치가 없었다는 사실도 이해할 수 없었다.

__ 경선 후 일주일, 당 대표가 꼭 해야 할 일

당 대표는 경선 과정에서 잡음이 나지 않도록 챙기고, 챙기고 또 챙겨야 한다. 후보자 대리인 회의를 매일 하도록 독려하는 일도 당 대표 몫이다. 말은 그때그때 다르고 일파만파 해석이 다양하니 당내 경선 선관위에서 매일 확인하고 회의록에 도장 찍어야 한다. 조그만 오해가 엄청난 분란을 일으킨다.

경선 기간 동안 무슨 일이 일어날지 모른다. 사고는 항상 예상치 못한 곳에서 터진다. 경선 투표장에서 흥분한 지지자 하나가 물병을 던지는 돌발 사고가 일어나면 단순히 개인의 문제임에도 각 캠프는 조직적 음모고 폭력이라고 주장한다. 당 대표는 분란과 돌발 사고가 벌어지면 조정자 역할을 잘할 수 있는 선관위원장을 임명해야 한다.

경선이 끝난 날부터 일주일간은 승리한 후보에게 모든 관심이 집중된다. 그의 어린 시절부터 일대기가 대서특필되고 후보의 일거수일투족이 뉴스거리다. 이때 당이 끌어올 수 있는 모든 관심의 초점이 후보에게 집중되도록 총력을 기울어야 하고 당 대표는 낙선 후보들을 조용히 만나 공동 선대위원장을 맡도록 설득해 중앙선거대책위원회를 조직화하는 데 온 힘을 쏟아야 한다. 국민은 낙선 후보들이 분열 없이 단결해 승리한 대선 후보를 돕는지 주목하고 있다.

일주일 안에 당선자 캠프를 해체하고 당 후보 선대위 구성을 끝내야 한다. 논공행상을 하고 있을 시간이 없다. 대선은 후보 개인기가 아니라 당이 가진 조직으로, 당이 가진 역량의 총합으로 치러야 하기 때문이다. 각 캠프의 유능한 인재를 대선 후보 캠프에 받아들여야 한다. 명실상부한 용광로 선대위가 꾸려져야 한다. 이것이 정말 쉽지가 않다. 무지무지하게 어렵지만 당 대표가 해내야 한다.

낙선 후보들이 공동 선대위원장을 맡도록 설득하라. 여기서 승리하느냐 못하느냐가 갈린다.

__ 외연 확장의 배낭을 메고

진보 개혁 진영에서 대통령 후보가 되려면 수학 좌표상 제3사분면에 자리 잡아야 한다. 후보 경선은 당원과 지지자 층이 참여하므로 이들 성향의 한복판, 즉 제3사분면 (-1, -1) 지점에 포지셔닝해야 한다.

대선 후보는 당선 직후에는 뽑아준 지지층과 교감하며 안정적 신뢰감을 얻은 후에 외연 확장의 배낭을 메고 오른쪽으로 행군해야 한다. 제3사분면 (-1,-1)에서 제4사분면 (1,-1)로 이동한다. 이때 당 대표는 여전히 제3사분면에서 전통적 지지층이 떠나지 않도록 그들에게 신뢰를 주어야 한다. 대통령에 당선되면 당연히 제1사분면에서 제4사분면까지 모두를 아울러야 한다.

대통령 후보가 되었다고 해서 갑자기 상층을 향해 우클릭해 제1사분면으로 가버리면 곤란하다. 아무리 외연 확장이 중요해도 좌우 개념이 아니라 상하(上下) 개념에서 하를 견지하며 오른쪽으로 나가야 한다. 노무현 대선 후보가 당선 직후 상도동으로 가서 인사한, YS 시계 사건으로 지지율이 곤두박질 친 일을 기억하자.

여기서 언급하는 수학의 사사분면은 이해를 돕기 위한 장치이다. 좌우의 개념이나 상하의 개념도 이해를 돕기 위한 수단이니 대상화되었다고 삐지는 일 없기를.

외형 확장을 위해 행군하는 대선 후보

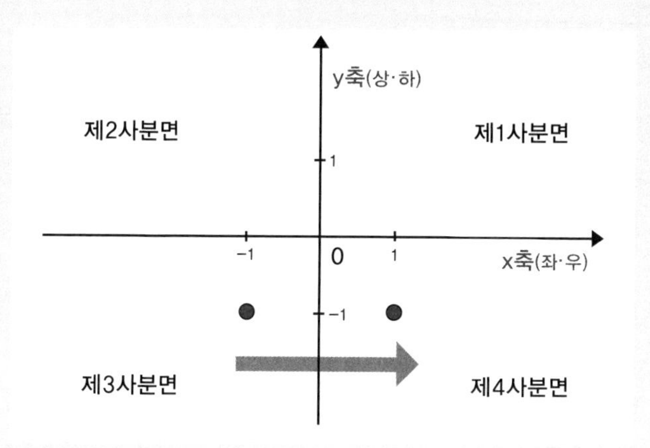

짧고 굵은 선명한 한마디

시장에서 모방품은 살아남아도 정치에서 아류가 성공하기는 힘들다. 대선 후보가 되면 김대중-노무현의 아류가 아니라 그들을 넘어 나는 무엇을 하겠다는 강렬한 메시지를 선보여야 한다. 차별화가 아니라 김대중을 넘어서(beyond 김대중), 노무현을 넘어서(beyond 노무현)를 외쳐야 한다.

백화점식 메시지가 아니라 굵고 짧은 선명한 메시지여야 한다. '나는 OOO을 하겠다.', '나는 OO한 대통령이 되겠다.' 이런 식으로 메시지를 단순화해야 한다. 무슨 정책을 펼치겠다, 양극화 해소하겠다, 소득 주도 성장을 견인하겠다, 통일 발판을 만들겠다, 이런 사항은 당 공약에 다 들어 있다. 국민들의 가슴에 팍팍 꽂히는 몇 줄의 메시지를 만들어내라는 뜻이다.

'저녁이 있는 삶' 같은 메시지가 좋다. 얼마나 간결한가? 이런 메시지는 미리 캠프에서 준비해놓고 있어야 하고, 유행어가 될 정도면 더욱 좋다. 후보 개인의 매력을 발산할 수 있는 감성적인 메시지 하나가 열 가지 정책을 압도한다.

___ 일정은 강렬한 메시지다

대선 후보가 어디에 가고 누구를 만나는가 하는 동선과 일정 그리고 행보는 그의 국정 철학을 상징적으로 보여준다. 이때 여야 대선 후보의 일정은 파격적이어야 한다. 여당 후보라면 백범 김구 선생 묘소, 제암리 현장, 국립 5·18 민주 묘지, 인혁당 사건 희생자 묘지, 비정규직 노동자들이 있는 현장, 남북 화해 현장, 도라산역 등에 가야 뉴스가 된다.

대개 후보자의 일정은 후보자 캠프의 소수 이너서클이 독점한다. 후보 캠프를 보이지 않는 손이 틀어쥐고, 폐쇄형 회로로 만들고 있다면 대중을 만날 수 없다. 이 폐쇄의 문을 깨야 한다. 후보 일정을 틀어쥐는 자가 권력자라는 말이 없어지도록 해야 한다.

야당 후보는 어디에 가야 '우리가 원하는 대통령'이 될까?

전국 유권자를 보고 뛰는 대선 후보자가 표를 얻는 데는 1백 일 동안 골목을 누비는 유세보다 TV 토론 영향력이 훨씬 세다. 생각해보자. 국회의원 후보는 선거 운동 기간에 지역구 유권자 20만 명 가운데 5퍼센트인 1만 명 정도를 만난다. 대선 후보는 유권자 4천만 명 중에서 몇 명과 악수할 수 있겠는가. 대선 후보는 1퍼센트인 40만 명과도 악수할 수 없다. TV 토론은 4천만 명을 한 번에 만날 수 있는 절호의 기회이자 승부처이다.

2012년 박근혜-문재인의 TV 토론에서 문재인이 TV 토론을 더 많이 더 절실하게 준비해야 했던 이유가 있다. 첫째, 박근혜는 오랜 기간 대중에게 노출되어 검증된 안정적인 후보라는 이미지가 있었다. 문재인은 갑자기 나타난 후보이기에 국민 입장에서는 낯설고 불안한 심리가 있었다. 이를 TV 토론에서 극복했어야 했다. 둘째, 박근혜는 퍼스트레이디라는 이미지가 있었고 문재인은 초짜에 비서실장 이미지가 있었던 것이 사실이다. 문재인이 대통령이 되면 더 잘할 수 있다는 이미지를 심어줘야 했다. 셋째, 불리한 언론 환경을 뚫고 박근혜를 압도했어야 했다.

이처럼 TV 토론이 중요하다. 후보는 중요성을 알면서도 대부분 일정에 쫓기다가 준비에 소홀한 채 TV 토론에 나오게 된다. 파김치까지 되었다면 TV 토론 카메라 앞에 서도 졸리고 헷갈린다. 판단력도 흐려진다. 정말 바보 같은 짓이다. TV 토론에서 국민이 어느 후보가 능력이 있는지, 어떤 비전을 가졌는지, 실행할 의지는 있는지 직접 비교 평가하려고 지켜보고 있다. 내가 더 좋은 후보다, 보여줄 수 있는 기회다.

아무리 바빠도 눈 질끈 감고 3일 동안 웬만한 일정을 중단하고 TV 토론 준비에 매달려야 하고 최상의 컨디션으로 TV 토론에 나가야 한다. TV 토론, 정말 잘하자.

___ 국회의원, 지역위원장에게 전화해라

1명이 뛰는 팀과 250명이 뛰는 팀이 맞붙어 싸운다면 누가 이기겠는가? 1명이 아니라 250명이 뛰도록 하려면 어떻게 해야 할까?

중앙당의 대통령 선거운동은 지역구 단위로 실행한다. 유급 선거운동원도 유세 차량도 모두 지역구별로 배당한다. 각 지역구 선거대책위 위원장도 역시 지역위원장들이다. 내 경험에 비춰보면 지역위원장의 노력에 따라 그 지역 득표수 중 최소 3천 표는 좌우된다.

세상에 공짜가 없고 3천 표는 그냥 어디서 뚝 떨어지지 않는다. 250명 지역위원장이 혼자, 스스로, 저절로, 열심히 뛰는 일도 아주 드물다. 대선 후보는 자기 혼자 열심히 뛸 생각만 하지 말고 지역위원장이 뛰게 만들어야 한다.

우선 전화해야 한다. 대선 후보자는 또 하나의 나를 만들기 위해, 나의 아바타가 되어달라고 직접 전화를 해서 부탁해야 한다. 대선 후보는 권력 그 자체이기 때문에 당에 몸담고 있는 사람이라면 마음속으로 은근히 대선 후보와 잠깐이라도 직접 일대일 통화를 원한다. 차를 타고 이동할 때 무조건 핸드폰을 들고 일일이 대선 격전 지역 사령관 한 사람 한 사람에게 전화를 해야 한다. 250명 지역위원장이 최소 3천 표씩 끌어올린다면 75만 표가 된다.

전화가 놀고 있다면 진 싸움이다

대통령 선거가 전 국민의 관심사이고 지지자들의 애간장을 녹이는 일이지만 가장 애타는 사람은 후보자 본인이다. 가장 힘들지만 가장 열심히 해야 하는 것도 후보자 본인이다. 후보자는 아무리 피곤해도 잠깐 짬이 생기면 누군가에게는 전화를 해야 한다.

대한민국처럼 모임과 조직이 많은 나라가 또 있을까. 전화할 곳은 많고 전화할 시간은 짧다. 각종 직능단체 회장에게 전화를 하는 일을 게을리하면 안 된다. 직능단체 회장 휘하 회원수를 생각해보자.

직능단체 회원들이 도와주기로 마음먹는다면 효과가 엄청나다. 후보자의 진정성을 인정하거나 자기 단체에 도움이 된다면 발 벗고 나서는 직능단체도 많다. 후보자 본인이 직접 전화하는 것과 그렇지 않은 것은 하늘과 땅 차이이다. 후보자 전화 한 통에 몇 만 표가 왔다 갔다 한다. 끊임없이 전화하라.

__ 바람에 흔들리지 마라

전쟁 같은 선거 기간 동안 후보자는 고비마다 얼마나 고독할 것인가. 그러나 후보자 한 명의 얼굴 표정은 몇 만 명의 얼굴 표정을 좌우한다. 얼굴 표정에서 일희일비가 나타나면 매우 곤란하다. 후보자의 결기 있는 태도와 굳건하고 늠름한 표정은 지지자들에게 안정감을 준다. 지지자들이 항상 듬직한 나무처럼 느껴야 그들이 그 그늘에서 편안하게 선거운동을 할 수 있다.

우리는 무엇을 할 것인가

대통령 선거에서는 누구나 원하는 만큼 뛰고 원하는 만큼
선거운동을 할 수가 있다.
후보자는 후보자로서 당 대표는 당 대표로서
국회의원은 국회의원의 범위에서 각각의 역할과 책임이 있다.
그렇다면 유권자인 여러분은 무엇을 어떻게 할 것인가?
여러 가지 임무가 있지만 보안상 SNS 중심으로
한 가지만 말하기로 한다.

김대중 후보의 시대에는 TV 토론이 선거운동의 신상품이었고 노무현 후

보의 시대에는 인터넷이 신상품이었다. 정동영 후보 시대에는 모바일 시대가 개막했고 문재인 후보 시대는 SNS 시대였다. 2017년은 레벨업 된 SNS가 선거운동의 신상품으로 출시되었다. SNS 동영상 생중계 시스템이다. 강력해진 신무기를 잘 활용하는 자, 전쟁에서 승리할 것이다.

SNS 대책위원회로 총집결하라

전 세계에서 가장 SNS를 잘하는 사람이 미국의 버락 오바마 대통령이다. 무려 5천만 명이 그의 페이스북 페이지를 '좋아하는 페이지'로 설정했다. 하루에만 댓글이 수천 개씩 달리고 '좋아요'도 수만 개씩 받는다. 오바마 페이스북 페이지에 들어가보시라. 미국의 정책에서 그의 일상까지 모든 것이 나와 있어 전 세계인의 눈과 귀를 끌어당긴다. 미국의 중요한 정책이 백악관 대변인이 발표하기도 전에 오바마 페이스북에 먼저 올라오기도 한단다. 그가 직접 쓴 글도 매력적이지만 그의 페이스북은 미국의 정책을 한발 빠르게 접할 수 있는 중요한 창구다.

오바마가 미국의 대통령이 될 수 있었던 것은 단연 페이스북 덕분이다. 오바마 캠프 SNS 전략팀의 정교하고도 탄탄한 준비가 오바마를 만들었다. 오바마 캠프의 SNS 전략의 핵심을 간략히 살펴보자.

오바마가 재선에 성공할 것인가? 전 세계가 궁금해할 때 나는 '재선을 확신한다.'고 공언했다. 그의 SNS 전략을 신뢰했기 때문이다. 오바마 대선 캠프의 SNS 자원봉사자가 무려 240만 명에 이르렀다면 믿겠는가.

오바마 캠프는 오바마를 비롯해 민주당 국회의원에게 더 나아가 민주당 정책에 우호적인 신호를 보낸 SNS 사용자에게 일일이 페이스북 메세지를 보내서 자원봉사자가 될 것을 호소했다. 그렇게 해서 자봉단 240만 명을 끌어 모았다.

이 240만 명 자봉단을 공격조, 방어조, 홍보조, 후원금조, 4개 조로 나누어 역할을 분담했는데 이름하여 마이크로 타겟팅이다. 자원봉사 의사가 있는 SNS 사용자에게 어느 역할을 맡을 것인지 일일이 물어 조를 편성했다.

후원금조는 SNS로 지지자들에게 후원금을 내겠느냐를 먼저 묻고 1만 원을 낼지 10만 원을 낼지 금액을 묻는다. 얼마를 내겠다고 하면 혼자만 내시겠느냐 다른 지지자들을 모아주겠느냐 다시 물어가며 선거 자금을 모았다. 유권자는 호주머니에서 10만 원을 꺼내는 순간 그 백배의 열정을 내놓는다.

공격조는 하루 종일 프레임 전쟁을 했다. 공격조에서 처음부터 사용한 프레임이 '오바마는 서민편, 공화당 후보 롬니는 부자편'이었다. 방어조는 인터넷 상에서 오바마에게 나쁜 댓글을 다는 사람에게 하나하나 반박 댓글을 달았다.

홍보조는 '줄리아의 인생'이라는 생애주기별 맞춤형 복지를 홍보했다. 줄리아가 몇 살일 때는 국가로부터 무슨 혜택을 받고 환갑이 되면 어떤 복지를 누리게 되는지, 롬니가 대통령이 되면 국민으로서 얼마나 손해를 보는지를 강조한 동영상을 만들어 주변에 퍼나르게 했다.

오바마의 SNS 전략은 미국에서 이미 효력이 입증된 모범 사례이니 이 전략을 우리에 맞게 개조해 쓰면 된다. 유권자 수를 비교해 미국 대선에 240만 명이 필요했다면 우리나라는 그 5분의 1, 즉 50만 명만 있으면 되지 않겠나. 실현 가능한 수치다.

그럼 50만 명 SNS 선대위는 어떻게 조직할까. 국회의원별로 의원실에서 인터넷에 능한 사람 1명씩 차출해 SNS 실무진을 꾸리고 이 120명이 자원봉사자들을 끌어 모으는 일을 하면 어떨까. 120명이 하루에 1백 명씩 쪽지로 접촉할 수 있다. 이틀이면 2백 명, 그 자봉단은 다시 지인들에게 SNS 홍보를 할 테고 웬만한 열성 지지자들은 수락할 것이다. 50만 명, 충분히 꾸려낼 수 있다. 진보 성향 팟캐스트 청취자 4백만 명이 상비군이다.

대중 입장에서도 신명 나는 선거운동이 될 것이다. 후보 캠프와 홍보 내용이나 건의 사항을 주고받으며 소통한다. 이는 선거법상 불법이 아니다. 국정원처럼 숨어서 하는 것도 아니다. 공식적인 당의 선거 대책위원이니까. 단 숫자가 50만 명으로 많을 뿐이다. 더 자세한 소개는 전략상 여기서 멈추겠다.

이것은 똑똑한 캠프 참모 몇 명이 할 수 없는 선거 전략이다. 인해전술으로만 가능하다. 대선 후보 중앙선대위와 동급으로 SNS 선대위를 구성해야 한다. 그래야 오바마처럼 승리할 수 있다. 선거는 빅데이터를 이용하는 과학이고, 열정이 쌓여 득표 수가 된다. 대중의 열정을 조직하는 역할은 바로 참여 정치의 정수이다.

__ 나는 올인이다

2002년 대선 마지막 날 밤, '정몽준이 노무현을 버렸다'는 조선일보 사설에 얼마나 많은 국민이 놀라서 친구에게, 선후배들에게 문자 메시지를 보내며 불안한 밤을 보냈던가. 그때 우리는 가슴 졸이며 하루를 보냈다. TV에서 '노무현 후보 당선 확정'이란 자막을 보고 우리는 또 얼마나 부둥켜안고 울었던가. 노무현 대통령이 국회에서 취임 선서를 하고 우리도 함께 노란 풍선을 들고 신명나게 춤추며 마포대교를 건너 청와대로 갔다.

이명박-박근혜 정권에서 너무나 고생한 당신, 2017년 12월 대선에서 승리하고, 2018년 2월 25일 스마트폰 들고 SNS 하며 마포대교 건너 청와대로 가자. 이제 권력은 총구에서 나오지 않는다. 대한민국 대통령은 스마트폰에서 나온다. 당신의 손가락 끝 SNS에서 권력이 나온다. 손가락 열심히 움직여 정치를 주도하자. 정권을 되찾자. 나는 정권 교체를 위해 내가 할 수 있는 모든 것을 다 하겠다. 정말 뭐든지 다 하겠다.

내가 어떻게 해서든 앞장설 테니 여러분은 SNS 선대위로 총집결하라. 효과적인 SNS 전략은 대선 승리의 필수불가결한 조건이기에 나는 정말 절실하다. SNS 선대위원이 될지, 어떤 역할을 맡을지 이 책을 덮기 전에 결심하시라. SNS 선대위에 총집결하시겠습니까? 방어조, 공격조, 홍보조, 후원금조 어떤 일을 하고 싶으십니까?

나는 올인이다. 여러분도 함께 뛰자.

정청래의 국회의원 사용법

첫판 1쇄 펴낸날 2016년 9월 30일
5쇄 펴낸날 2016년 11월 4일

지은이 정청래
발행인 김혜경
편집인 김수진
책임편집 백도라지
편집기획 이은정 김교석 이다희 조한나 윤진아
디자인 김은영 정은화 엄세희
경영지원국 안정숙
마케팅 문창운 노현규
회계 임옥희 양여진 김주연

펴낸곳 (주)도서출판 푸른숲
출판등록 2002년 7월 5일 제 406-2003-032호
주소 경기도 파주시 회동길 57-9, 우편번호 10881
전화 031)955-1400(마케팅부), 031)955-1410(편집부)
팩스 031)955-1406(마케팅부), 031)955-1424(편집부)
홈페이지 www.prunsoop.co.kr
페이스북 www.facebook.com/prunsoop 인스타그램 @prunsoop

ISBN 979-11-5675-665-1 (03340)

* 잘못된 책은 구입하신 서점에서 바꾸어 드립니다.
* 본서의 반품 기한은 2021년 11월 30일까지 입니다.

이 도서의 국립중앙도서관 출판시도서목록(CIP)은 e-CIP 홈페이지(http://www.nl.go.kr/ecip)와
국가자료공동목록시스템(http://www.nl.go.kr/kolisnet)에서 이용하실 수 있습니다. (CIP2016022587)